CONTROL
谈判
THE
陷阱
CONVERSATION

直击本质，摆脱非理性沟通

［美］詹姆斯·派尔 玛丽安·卡林奇◎著

谢璇◎译

James O. Pyle　　　　　Maryann Karinch

江苏凤凰文艺出版社
JIANGSU PHOENIX LITERATURE AND
ART PUBLISHING, LTD

图书在版编目（CIP）数据

谈判陷阱 / (美) 詹姆斯・派尔 (James O. Pyle)，
(美) 玛丽安・卡林奇 (Maryann Karinch) 著；谢璇译.
-- 南京：江苏凤凰文艺出版社，2020.4
书名原文：CONTROL THE CONVERSATION
ISBN 978-7-5594-4308-3

Ⅰ.①谈… Ⅱ.①詹… ②玛… ③谢… Ⅲ.①语言艺
术—通俗读物 Ⅳ.① H019-49

中国版本图书馆 CIP 数据核字 (2020) 第 037414 号

谈判陷阱

[美] 詹姆斯・派尔（James O. Pyle）玛丽安・卡林奇（Maryann Karinch）著　谢璇　译

责任编辑	唐　婧	
装帧设计	水玉银文化	
责任印制	刘　巍	
出版发行	江苏凤凰文艺出版社	
	南京市中央路 165 号，邮编：210009	
网　址	http://www.jswenyi.com	
印　刷	唐山富达印务有限公司	
开　本	880 毫米 ×1230 毫米　1/32	
印　张	7	
千　字	112	
版　次	2020 年 4 月第一版　2020 年 4 月第一次印刷	
书　号	ISBN 978-7-5594-4308-3	
定　价	49.00 元	

江苏凤凰文艺版图书凡印刷、装订错误可随时向承印厂调换
电话：（010）83670070

谨以此书献给我的母亲万达·约瑟芬·派尔（Wanda Josephine Pyle），她来自伊利诺伊州米尔顿，于2009年逝世，享年85岁。母亲去世前一直非常相信我，并且尽心尽力地为我和我的兄弟姐妹们谋得最好。

母亲，我欠您那么多，希望这篇题献能稍微弥补一点点。

——詹姆斯·派尔（JAMES O. PYLE）

谨以此书献给我的母亲、我的兄弟、吉姆·麦考密克(Jim McCormick）和格雷格·哈特利（Greg Hartley）。

——玛丽安·卡林奇（MARYANN KARINCH ）

前言：看透问题，学会对答

我们提问的勇气和探索答案的深度使得我们的世界变得有意义。

——卡尔·萨根（Carl Sagan），《宇宙》（*Cosmos*）

当别人问你问题时，你会怎么对答？如果你的脑海里立即形成"回答这个问题"这个想法，那么你需要这本书。

通常来说，一个问题其实是一次对话的邀请，和任何邀请一样，发出邀请的人都是有目的的。你回答问题时的任务就是要让你自己的目的保持为对话的核心。这就意味着你不仅仅是要回答这个问题，更是用你的答案来提供你想传达的信息。

我们俩都参加过不少早高峰时期电台节目来推广我们的事业和书籍，这种节目往往充满了诙谐的段子和 8 秒钟的快速回答，但参加这些宣传推广活动往往能提高书的销量。我们可以很自信地告诉你：书的畅销不光是因为我们参加了电台节目，更是我们利用 8 秒钟的电台时间回复问题的表现吸引了读者。

注意，我们用的是"回复"，而不是"回答"。

所以我们在书中做的第一个区分就是：回复不等于回答问题，它比简单地回答一个问题更好，"回复"所包含的力量和含义要比一个简单的答案所包含的力量和含义要多。

在本书中，我们首先定义了一套能帮助你针对一个问题给出最佳回复的技巧。

首先，你需要"看透"问题，了解对方想要获取什么信息。我们在整本书中都在探讨信息的四个方面：人物、事物、地点和时间。虽然在某种程度上你能根据提问者的疑问词——谁、什么、什么时候、哪里、为什么、怎么、多少——猜出提问者想要问什么，但疑问词仅仅只是问题的一部分。

创业企业平台 Cintrifuse 的 CEO 温迪·莱亚（Wendy Lea）在一次面试中就用了一个启发性的问题，里面包含了很多层次；这就是一个很好的例子，我们可以看到一个问题虽然是用疑问词"什么"来问，但要求对方提供更多的信息：

你身上有哪些方面是只有我们共事一年后才会了解到

的？[1]

    "什么"引出的是一个关于"事物"的问题，但是核心关注点是人——你和我。而且还明确强调了时间：要你我共事一年之后才会知道的"事"。"共事"这个概念也暗含了两人的亲疏，这个问题没有提到地点，但确实也暗示了较为密切的关系。

    即便你只给出一个简短的回复，如果你能识别出这个问题所包含的组成部分，这种能力都能让你的回复变得更丰富。

    在性格方面，我是一个内向的人。在我们共事的第一年，你会觉得我喜欢在团队里工作，但当我想动用我的创造力时，我会去一个比较私人的空间里。

    我们并不是说这是应对这种有挑战性的问题最理想的回复。我们的意思是这比干巴巴地回答"我是一个内向的人"要让人更感兴趣一些。上面这个答案回答了"什么"的问题，但同时也建立了时间框架，表达了对其他人的欣赏（即人物），并给出了地点（即私人空间），这些都是答案中非常重要的部分。

    面试官既然能问出这样一个有创意的问题，那么她/他想要获得的答案肯定远不止一句"我是一个内向的人"。

在本书的第一部分中，你会看到好回复的组成结构，能够熟练地把各种问题分为问得好的问题和问得不好的问题，简单的问题和不好回答的问题。在这本书中，我们仔细研究了如何在问题中寻找并在回答中使用关键词、如何解读和使用肢体语言。

在第二部分中，你将看到在不同的常见商务或社交场合中这些结构和技巧的实际使用，在材料中我们还穿插一些练习来强化你学到的新技巧。

请再看看前言开头引用的卡尔·萨根的话。"答案的深度"是我们如何让我们的世界变得有意义的一部分，这就意味着你在这本书上掌握到的技巧是可以改变你的人生的！

要开启你通往精通这些技巧的冒险之旅，首先请你回答四个问题，并把答案写下了。在本书末尾，我们会再次问你这些问题——你会很诧异地发现自己到时候的回复会和现在的不一样。

· 你记忆深刻的一次新年前夜是在哪里度过的？

· 你的外祖父是谁？

· 你最喜欢的餐厅是哪家？

· 你去年是怎么过生日的？

我们自己之前也做了一样的练习，给大家看一下我们认为的一些基准参考答案，放在了本书最后作为比较。

你记忆深刻的一次新年前夜是在哪里度过的？

吉姆：我家后院。

玛丽安：床上。

你的外祖父是谁？

吉姆：威廉·"树桩"·巴格比。

玛丽安：迈克尔。

你最喜欢的餐厅是哪家？

吉姆：码头餐厅。

玛丽安：老道餐厅。

你去年是怎么过生日的？

吉姆：吃海鲜。

玛丽安：在老道餐厅度过的。

希望你已经准备好了接着往下读，从而避免余生再给出这样无聊的回答了。

目　录

第一章 谈判的四个基本

提供多维答案可以为你创造更多的机会——让你有机会展示才能，讲述让人记忆深刻的故事，传达独特的观点。最重要的是，一个信息丰富的回复可以打开对话的大门。无论是工作面试、销售会还是第一次约会，双方的会面不是一个无聊的问答环节，而是一次互动协作。如果你想做到这样的话，那你要和对方一样掌控着对话。

一般我们要提供的信息包括人物、地点、时间和事物四个方面。当你把你的回复与这四个方面联系起来时，你其实就是在脑海里组织更加完整的回答。因为在回答不同的问题时，你可能会很自然地更注意侧重于某一个方面。但重点是，你要知道提问者还想听到其他哪一方面的信息。

谈判的四个方面很显然是和某些疑问词密切联系的：

1. 人物：谁？

2. 地点：哪里？

3. 事物：什么？如何？

4. 时间：什么时候？

疑问词启发了你思考，但不应该局限你自己的思考。举个例子，人物是存在于一个语境中（地点），有行为（事物），涉及昨天、今天和明天（时间）。当你在答案中加入多个话题时，那你就不仅仅是在回答一个问题，而是在回复这个问题。

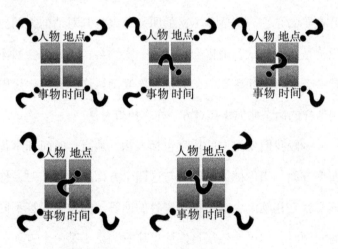

回复者的分类

你现在回答问题时——也就是在你学会帮助自己掌控

对话的技巧之前——可能会有一个自己的主要风格。根据人们倾向于如何回答问题，我们把人分为四类：

1. 掌控型回复者

2. 武断型回复者

3. 评论型回复者

4. 回避型回复者

明确自己倾向于如何回复一个问题有助于你调整学到的这些技巧，使这些技巧和你提供的建议更适合你自己的风格。如果你觉得这些描述中似乎没有一个是描述你回答问题的方式的，那就和你的朋友或者同事分享这些描述，让他们给你做一个评价。记住：每一种风格都有各自独特的优势，所以如果你朋友说你是武断型回应者，不要生气。利用好你自己的风格，不要抵抗它。

掌控型回复者

一个掌控型问题回复者会思考回答问题的最佳方式。她可能会先丢出一点点信息，然后等待对方的回应再决定要不要说更多。掌控型问题回复者的另外一个特点就是会在一个简单的回复中包含多个回答，这样提问者就知道可能会有好几个好答案。

掌控型问题回复者天生就能快速适应在一个答复中提供信息的多个方面。

布莱恩第一次去见他的公关公司的一位潜在客户。客户 S.S. 罗杰斯博士的书即将出版，她当时也在面试多个公关公司的人员，看谁可以帮她进行电视宣传。两人见面时，布莱恩首先提了一个问题："您宣传的目标是什么？"

罗杰斯博士：我想要上全国性的电视节目。

布莱恩：罗杰斯博士，那您具体想到的有哪些类型的节目呢？

罗杰斯博士：我想参加那些女性观众会看，而且希望从节目中了解健康问题的节目——不过我想说主要市面上同类型的节目对我来说都很有吸引力。

布莱恩：您目前有过哪些上电视节目的经历？

罗杰斯博士：我上过的都是些地方性的电视台，但我收到的反馈都挺不错的。在摄像机前我也表现得很轻松自如，不过你如果觉得上全国性的电视台需要做一个媒体培训，我也可以接受。

布莱恩：您为什么觉得全国性的电视台是您宣传活动的最佳侧重点呢？

罗杰斯博士：我的一个朋友兼同事，也是一名作家，他就是通过上电视节目收获了很好的成果，他的书上了《纽约时报》畅销书排行榜。

布莱恩：如果我们很难获得上电视的机会，那您觉得获得《纽约时报》的一篇相关评论或者文章能让您开心吗？

罗杰斯博士：我觉得这会是一个获得电视曝光率的很好的跳板。

这种情况下，掌控型回复者并没有被不确定因素困扰。罗杰斯博士感觉到了需要平衡一下自己的答案，但是她一直在推向唯一的一个想法，那就是想获得更多关注。这位公关顾问想要为罗杰斯博士设计一个能吸引她的宣传活动，那么这个宣传活动必须包含电视媒体上的曝光，否则的话就没法做成她满意的宣传。

武断型回复者

说到武断型回复者我们立刻会想到美国总统唐纳德·特朗普，当然我们这么说并没有任何贬义。武断型回复者往往会非常笃定地给出一个答案。武断型回复者答复问题的一个缺点就是他会毫不犹豫地把自己的观点当作事实来陈述。他的答复可能听起来还很笃定，这会让那些更想获得事实情况信息而不是观点的听者感到不愉快。

一个武断型回复者可能特别擅长或者特别不擅长在回答中包含信息的多个方面。这种能力取决于这个人更侧重哪个方面以及这种侧重和强调能否让提问者所代表的听众满意。

1942年1月2日的记者招待会上,有记者问富兰克林·德拉诺·罗斯福总统关于"机动车和卡车行业形势"中的就业问题时,罗斯福总统熟练地提到了信息的多个方面。别忘了,就在前不久的1941年12月8号,也就是日本偷袭珍珠港的第二天,美国对日宣战,这影响了汽车行业。所以罗斯福总统并没有在一开始就列举一系列正在采取的措施,而是首先就提到人民,一直围绕着人民来回答问题。武断型回复者有明确的目标,对于任何问题,这个目标会让他针对任何一个问题来组织他的答案:

会有人下岗。恰好,我也已经收到了一些汽车厂工会领导递交上来的报告,他们百分之百理解现在的情况,还说他们完全同意重新更换装备,而且如果能够对国家的整体国防规划有帮助,那么他们的人——工会的会员——愿意暂时失业,当然他们也明白,在失业的同时他们所经历的苦难也会得到照顾，只要有了新的设备，他们就能重新上岗。[1]

评论型回复者

评论型回复者考虑非常周密，会给出很综合全面的答案，而且在某些情况下，有可能甚至会出现"信息太多"的情况。他可能提供了一个多面的答案，结果改变了问题的方向。

有一次，《全新播报》（*Fresh Air*）节目的主持人特里·格罗斯（Terry Gross）采访演员杰昆·菲尼克斯（Joaquin Phoenix），菲尼克斯就表现出了评论型回复者的倾向。当格罗斯提到他在电影《大师》（*The Master*）中的角色说话时有点喜欢歪着嘴从嘴的一侧发声时，菲尼克斯回复说：

我父亲有时候说话也从嘴的一侧发出声来，他嘴的一侧会往下压。我就想着这可能是代表了紧张，证明这个人自我封闭、全身紧绷起来了。[2]

菲尼克斯觉得这个形象非常引人注目，所以他叫一个牙医在他嘴里安了一对金属架。然后用橡皮筋强行把一侧的下巴合上，试图模仿他父亲咬紧牙根说话的样子。而描述这个过程仅仅只是一个开头，接下来会是漫无边际的详细解释。菲尼克斯突然意识到他离题了，就立刻打住了：

如果我在开车时听到这个，我可能会换频道，我会说："杰昆，闭嘴吧。"[3]

当你问一个评论型回复者问题时正是这种感受。

积极的一面是，一个天生的评论型回复者可以毫无障碍地在回答中加入信息的多个方面；但他的挑战就是要能削减部分信息，以保证回答没有跑题。

回避型回复者

习惯性回避问题的人可能只是有一种特殊的听取和处理信息的方式；我们把这样的人称为回避型回复者。还有一类回避型回复者是出于某种原因对回答问题感到不自在。

其他类型的人在因为想隐瞒某事而避开回答问题时也会变成回避型回复者。在法律上，如果一个人在取证程序中故意闪烁其词，则会认为这个人没有回答，可能会是一种严重的违法行为。当然，我们在这里要说的不是这种情况或者那些故意搪塞的情况。

典型的回避型回复者可能仅仅因为答非所问而让那些思维方式更直线型的人很失望。如果你问："你觉得那部电影怎么样？"这个人可能会跟你说主演以前和另外一个演员结婚了，但这个演员后来很悲惨地死了，这部电影让她想起了他们不幸的爱情故事。这是她告诉你她对这部电影的看法的一种方式，只不过这不是你原本想到的角度而已。

像这样的人可能是一个很有创意的解决问题的人，在用和大多数人不一样的视角来应对挑战。所以说，虽然她可能在回答问题时会惹恼团队的其他人，但她也可能是团队中很有价值的一员。

回避型回复者非常擅长在一个回答中串入信息的多个方面，但和评论型回复者一样，回避型回应者可能不太容易做到在答案中只包含与问题有关的信息。

看透信息的四个方面

当你知道如何组织关于人物、地点、事物和时间的信息时，你会更轻松地把这些信息融入你的回复中。

人物

常见的把人分类的方法有很多，包括依照外貌特征、文化、性格、宗教、国籍和婚姻状况划分，如果再按这些人吃的、穿的、喜欢听的音乐、说的语言以及惯用左手还是右手等来划分，分的类型就无穷无尽了。所有这些分类都有相关的词汇来帮助你描述一个人。

很多时候，你在回答问题时要描述的人就是你自己，所以你在整理"人物描述词汇"时，最重要的就是要准备好一系列描述你自己的词句了。

思考一下你会如何总结自己作为专业人士、朋友、伙伴、迪士尼游客时最主要的特点。然后我们建议你思考一下怎样能把"有趣的人的十大特点"中的一条或多条对应到你自己身上，这样你在和别人聊你自己的时候就有话可以聊了。当你遇到面试或者在会议招待会上时，这些与你自己有关的表达储备也是大有裨益的。

漫画家杰茜卡·哈吉（Jessica Hagy）就列出了这些特点，虽然她自己毫不避讳地承认她没有资历说社会科学方面的事，但我们仍觉得她列举出的词还是比较能启发人的，值得分享。这些词能够让你在思考自己的特点时思如泉涌。哈吉这本指导书叫《其实你也可以很有趣》（*How to Be Interesting*），列出了有趣的人的以下特点：

1. 有冒险精神：外面的世界永远都是高清、3D、充满

10

色彩和气味的。

2. 慷慨：愿意分享你的发现。

3. 积极：即便是最慢的进展也是往前迈了一步。

4. 奇怪：大胆展示你奇怪的一面，并保留它。

5. 关爱别人：如果你对一切都很冷漠，那也没有人会关心你。

6. 谦虚：将你那大摇大摆的态度降低到最小，自负会阻碍好的想法。

7. 勇敢：勇于尝试，失败就多尝试几次。

8. 坚持自我：不要追随潮流，坚持自己的舞台。

9. 有胆量：大胆，有时候你需要足够大胆才能把事情做下来。

10. 自我肯定：不要理睬那些责骂，不要理会那些说"坐下、听话一点、低头做你自己的事、循规蹈矩"的人，扭头走开。[4]

地点

与地点有关的回复需要解答方向、位置、外观、布局或功能方面的问题。下面是能够帮你很好地回答沟通地点信息的技巧：

·使用对方熟悉的参照物。

·对方可能说过某个地方，回忆一下她是怎么说的，然后"用她的语言来表达"。举个例子，如果她恰好说了："我们正要把办公室搬到钟楼附近的一栋大楼里。"那么你就可以感觉出来她的思维方式是以地标作为参照物的。而另一个人的思维方式又会不一样，比如他 / 她会说："我们正打算把办公室搬到非商业区去，在这里的西北方向。"

·尽量把范围说得精确一点。你向客户保证仓库能装满他们想要的商品库存，和跟客户具体说仓库有 2000 平方英尺（约 185.8 平方米）或者 10000 平方英尺（约 929 平方米）表达出的效果是不一样的。

·尽量把距离说得有意义一点。如果面试的时候面试官问你大概每天需要多长的通勤时间，而你是要从新泽西跑到曼哈顿，那么回答需要坐几站地铁要比说你住在 10 英里外要好得多。

一个关于地点的问题通常是以"在哪里"开始的，但是，也可以这么问："请说一下你最喜欢的会议场所的位置。"

我们在写这本书的时候，是在一个不经意的情况下发现，如果能给出一个包含了具体地点的完整答案是多么重要。那次，玛丽安问吉姆他早期的一些工作经验。吉姆在回答的时候提到了他曾经在伊利诺伊州迪凯特市的格林斯兰费尔劳恩墓园工作过。然后玛丽安就问她的伴侣（也叫吉姆）他的祖父母葬在哪里，因为她记得他的祖父母来自伊利诺伊州迪凯特市，结果果然就是同一个墓园。后来吉姆·派尔还帮玛丽安的伴侣吉姆在这个墓园选了一块家庭墓地。

事物

事物分为以下几类：

· 机械物品：自行车、椅子、圆珠笔。

· 电子物品：电脑、手机、健康追踪器。

· 建筑物：楼房、桥梁、埃菲尔铁塔。

· 过程：使用电子表格、烘焙蛋糕、拍掉外套上的线头。

· 概念：民主、资本主义、天堂。

· 消耗品：卫生纸、糖果、洗手液。

很多事物结合了机械、电子和消耗品的特点，所以有交叉很正常。一辆车有机械的部分、电子的部分、消耗品的部分，有些建筑也是一样。

记住这些分类，这样你就会发现一个关于事物的问题

13

除了像"你更喜欢哪种除雪机？"这种以外，还可能会是"你怎么解雇某人？"——涉及过程和方法。

时间

每件事都与过去、现在和未来联系在一起。事情发生在某个时刻，但也存在于上下文语境当中：即在此之前发生的事、随后会发生的事。

假设你在调查一件车祸事故，你会希望得到相关信息帮助你梳理整个时间线：车祸发生前的那几秒、车祸发生当时、车祸发生后。你会从头到尾把时间线来回看几遍来确保你掌握了所有的环节，且都能对照时间线完整地拼凑在一起。

对于大多数人来说，记忆一般都是直线型的，比较习惯顺着时间往前走，而往回倒溯可能就有点难了。但是练习这种时间上反推的方法也是有好处的。当你被迫不按顺序或者以倒叙的方式去回忆的时候，我们的大脑就会以不同的方式运作，这样我们有可能会回忆起一些原来被我们忽视的东西。

提问者常常会在问题中隐藏他们想要了解的关于时间的信息——甚至都没有意识到这一点。他可能不是用"什么时候"来提问，而是比如说："警报响起之后你是怎么把所有人疏导出大楼的？"你的回复除了需要描述过程外，还要有一个时间线。你做了什么只是整个故事的一部分；而你什么时候做了什么事才能更完整地展示你的成就。

练习：将话题的多个方面融入答案

很多网站都有一些问答小游戏和小测试。选一个，看看你能否将话题的多个方面融入一个答案中，使你的答案变得有趣得多。

我们选择的例子是邦德问答题——就是詹姆斯·邦德的那个邦德——因为我们都看过 007 系列电影。假设你也是一个 007 的粉丝，现在正在一个聚会上。有人问你："007 系列第一部叫什么名字？"你可能只是回答"《诺博士》（Dr. No）"。你答对了，但你不是很有趣，只不过是很了解这些小知识。如果你多花几秒钟这么回答会怎么样呢：

1962 年上映的《诺博士》（Dr. No），故事发生在牙买加。邦女郎是乌苏拉·安德丝（Ursula Andress）——她 5 年后又参演了一部搞笑版 007 电影——第一部《皇家赌场》

（*Casino Royale*）。

选择一个你非常了解的领域里的细节知识，在答案中加入尽可能多的话题的各个方面，希望你玩得开心。

唐纳德·戴维森（Donald Davidson）在这方面的能力就改变了他的人生。戴维森对经典赛车比赛"印第安纳波利斯500"（Indianapolis 500）培养了极大的兴趣。他辞掉了在英格兰西南地区威尔特郡索尔兹伯里市的电影放映员的工作后，1964年，他提着行李箱出现在了印第安纳波利斯赛车跑道上。在和赛事官员交流了几个小时、展现了他"选择性地记忆"每个赛车手、车型、团队、制造商和比赛数据的能力后，他获得了极大的认可，并受邀去赛道的总控制塔内和被称为"印第安纳波利斯500"电台之声的锡德·科林斯（Sid Collins）聊天。在这个全球最大的只在一天播放的广播电台节目中，科林斯随机问唐纳德一些只能在书本、档案片和比赛铁杆粉丝的集体记忆中找到的问题。理论上，没有人能够记住这么多关于"印第安纳波利斯500"的细节和故事。

当时13岁的吉姆住在南加州，经常听通用电气公司产的收音机闹钟，他到现在都还能回忆起那次的广播。唐纳德·戴维森不仅在回答这些随机提出的问题时说出了人名或车型，而且还说出了关于团队、引擎、轮胎、燃油组合等丰富的背景信息。

那天其他播音员也加入了进来，觉得他们肯定能问出一些在这个举办了 50 年赛事的比赛历史中戴维森可能不知道的事。那是一次独一无二的、完全没有准备稿子的提问，全球上百万人通过收听那次节目都见证了。

戴维森热情洋溢、又非常符合事实而全面的回答让他第二年又再次回到了这个直播间，又再一次验证了他对那些问题能组织出非常好答案的能力。戴维森继续留在了赛车圈生活与工作，担任过多份职务，最高达到了官方对他的认证："印第安纳波利斯赛车跑道的历史学家"，这是全球所有赛车比赛组织中唯一一个全职担任此职务的人。

你不需要也有一个选择性记忆的基因才能回答好问题。只要跳出你脑海中冒出的第一个念头去思考，在此基础上拓展。如果你能让你的答案在必要的时候既符合事实，同时又非常有趣，那么你就能不断引导对话继续下去，同时也掌控着对话。

第二章　简单问题的陷阱

　　简单的问题就是那些你知道提问的人是谁、问的是什么、为什么要问这个问题、什么时候需要回答的问题。

　　容易回答和不好回答的问题都可以分为问得好的问题和问得不好的问题，所以我们首先要区分一下问得好的问题和问得不好的问题有哪些要素。

问得好的问题和问得不好的问题

　　问得好的问题分为六类: 直接的问题、掌控情况的问题、重复确认的问题、深入的问题、总结性的问题、不相关的问题。

　　1.直接的问题: 指的是简单疑问句,一般由一个疑问词、一个动词和一个名词或代词组成,比如:"你是谁? ""你午饭吃的是什么? "

2. 掌控情况的问题：主要是为了测试一个人而不是寻求新信息的问题。比方说，如果你知道你的销售团队中某人和同事迈克有意见，你可能会问一个掌控情况的问题："今天和迈克相处得怎么样？"其实你已经有了相关信息，你只是想知道他怎么回答这个问题。

3. 重复确认的问题：指的是两个不一样的问题，但问的是同样的信息。如果你问："你们部门有多少台电脑？"你问的经理可能会回答："10 台。"之后，当你在和他聊别的事的时候，比如说空间要求，你可能会问："你们这一层有多少小隔间？"他可能会说："10 个。"这可能也是确认部门电脑数量的方式。这不是测试，而是一个反复确认。

4. 深入的问题：基本上是同一个问题用不同的方式多次问，以获取更完整的信息。所谓"深入"，我们是指寻求一个全面的答案，而不是说固执。深入的问题在你怀疑对方没有说真话或者没有把所有你想知道的事告诉你时很有用。"你在哪里度的假？"的答案可能会是"圣达菲"。虽然圣达菲也可能是他假期唯一去了的地方，但你可能还是会深入问："你假期有没有去阿尔伯克基？"深入的问题也可以帮你验证一个人所说的。

5. 总结性的问题：这类问题给对方一个重新审视答案的机会。这不是一个陷阱，而是弄清楚："你说……我是不是理解对了？"

6. 不相关的问题：这类问题只是为了让别人打开心扉，拉近两人关系，比如："你开车过去一路感觉如何？"这个问题的目的是要让双方不需要思考太多就能顺利把对话进行下去，给双方一点时间来放松，当然也可能把对话带到一个全新的方向上。

问得不好的问题主要分为四类，但要说明的是：即便是这些问得不好的问题有时候可能也会很有用，尤其是从被提问者的角度来看。因为问得不好的问题一般表述得不好，你就可以充分利用问题没有表述清楚这一点。

1. 导向性的问题：这类问题本身就暗含了一个答案，可能让你无法给出一个真实的、准确的答案。"被解雇之后你感觉有多糟糕？"就是一个导向性的问题，因为它本身就暗示了被解雇的人感觉很糟糕。在某些情境下，这类问得不好的问题可能对你反倒是有利的。

· 人力总监在面试的时候问了你一个和上述问题差不多的问题："你上家公司解雇你的时候你感觉多糟糕？"

这其实可以让你听起来很聪明且自信："疼痛是一个好老师。一开始我感觉确实很不好，但后来我学会往前看了。"

・在和一位潜在客户见面时，他问你一个导向性的问题："你有多担心竞争对手的产品会削弱你的销量？"你回复道："非常担心，这也是为什么我们在目前给您的产品上降了价，一直到下个季度我们推出新产品。"

2. 否定问句：使用如"从不"或"非／不"这样的否定词就表达不清楚这个人到底在问什么："你是不是绝不会停下寻找一份年薪 10 万美金的工作？"这是一个表述非常不好的问题——不用怀疑。最好的回复就是把问题换种方式再重新表述一次："如果你问我是不是还热衷于找一份年薪 10 万美金的工作，那答案是肯定的。"

3. 模糊的问题：提问者想要询问的信息非常宽泛或者模糊。比如，你的一个销售咨询客户问你："鉴于当前科技发展迅速，我们公司的高管们对于我们未来的走向有很多想法，你是怎么看的？"

・这样的问题的缺点就是你根本没法确定对方到底想要得到什么信息。你的答案只能靠推测，也就是说你只能基于之前的对话以及你对这个人更看重的东西的了解来假设这个人要寻求的信息。

· 这种问题带来的机会就是不管你给出什么样的答复都能既符合你的推测也能达到你的目的。如果你想要调动这个咨询销售的客户对你们公司的新大数据解决方案的兴趣，你就可以先这么说："我觉得现在是时候投资大数据解决方案了。"

4. 组合问题：多个话题组合在一个问题里，所以基本上是等于一次问了两个问题。美国人对这种问题尤其习以为常，因为白宫记者会或者明星的活动上，记者常常会抓住一个提问机会尽可能多问一点。对面试不熟悉的新手面试官可能会问这样一个组合问题："你上份工作中最喜欢的是什么，你希望在这里有什么样的经历？"

· 这个问题的缺点就是你不确定这个问题到底哪部分更吸引面试官或者对面试官更重要。

· 这个问题给你的机会就是你可以在不完全忽视另外一个问题的基础上把答案转向你觉得其中更有吸引力的话题上："公司的新产品线给公司带来了很好的业绩，我要是能有机会推广它我会很激动的。我一直以来都很喜欢推广好的产品。"

在有些情况下，还有一类问题会被认为是"问得不好"。人们在想要对方给出叙事性的回复时往往喜欢问是否题。我们认为这种是问得不好的问题，是因为这类问题没有问出他／她真正想了解的。通常，这种问题都是这么开头的：

你会——

你能——

你是不是——

你会不会——

你能否——

我能否——

或者此类问题的其他变形。

当有人问："你愿意嫁给我吗？"目的很明显就是希望对方给出很简单的是或否的答案，最好是肯定的回答。当有人问："你是否预想过自己在未来五年成为这个部门的经理？"很有可能在这个"是否"的问题中就包含了一个"为什么"的问题。所以这个表述得不好的问题也给了你一个机会，让你用一个完整的叙述来回复。

用简单的答案回复简单的问题

回顾一下我们前面对简单的问题的定义：在这个问题中你知道谁在提问、谁在回答、为什么要问这个问题、什么时候需要回答。对于如何回答这类问题，我们的指导方针分为"不要做"和"可以做"两类。第一条"不要做"的建议是帮助你确定某个问题事实上到底是不是容易回答，后面的几条则在任何情况下都是很好的指导方针。"可以做"的建议也同样在任何情况下都适用。

回复的总原则

不要做：

·不要预设简单问题的回复。"简单的问题"根据具体情境也可能变成"不好回答的问题"。

·提问你的人可能是也可能不是那个真正想要或者需要获得答案的人。尤其是当你在面试或者销售的时候，提问者可能只是决策者的传话人。如果是这样，那问题就从"容易"变到了"难"。

·如果一个直接疑问句是一个简单的不带修饰语的主

谓宾结构的句子，那么提问的内容就很清楚了。比如："你过去如何解雇别人的？"这是一个很直接明确的问题。相反，"你解雇别人时能处理得有多好？"就不是一个很直接明确的问题。第二个问题中对于程度的定量部分（"多好"）就预设了你既会说你如何处理，也会说你的感受。看你具体所处的情况，这两个问题可能对你来说都不好回答，但第二个问题绝对不是一个简单的问题。

・问题背后的动机不明确可能有多个原因：一是前面我们也提到了，提问者可能不是想出这个问题的人，另一个原因是问题背后都有一个背景故事。比方说，如果你的潜在客户问你是否愿意考虑服务合同不签一年的，而签一个 6 个月的，那这个问题可能就反映了他们之前在一年期合约上有过不好的经历。如果你不明确问题背后的动机，那你面对的就不是一个简单的问题，而是一个难题。

・有些时候一个问题的最佳答案不是问题提出时你给出的那个答案。所以在"不要预设问你的是一个简单的问题"这点上最后一个小建议就是关于时间的：考虑语境——面试、会议、电台直播、销售宣讲——然后弄清楚提问者是否需要你立刻给出回复。如果不是的话，那就确定一下什么时候需要回答，或者直接把这个问题划为"不好回答的问题"。

· 不要害怕问题，倾听问题。

· 在你理解清楚问题之前不要回答。如果问题的任何一点让你觉得困惑，问清楚。

· 在你思考如何回复时，不要害怕安静。

· 不要"只是"回答任何问题，而是要尽量给出最可能完整的答复。我们把那种尽可能多地涵盖了信息四个方面——人物、事物、地点、时间——的回答才定义为回复。

可以做的：

· 用你的耳朵和眼睛听问题。第七章、第八章会更详细地讲如何积极倾听。

· 花点时间来组织你的答案。有些时候，比如第九章中讨论的会议和媒体采访，你需要相对较快地回复；有些场合中，如果出现"仿佛空气突然停滞"，那意味着不会再次邀请你回来。即便如此，还是有办法让你花点时间来组织你的答案，这也是我们整本书中都在探索的问题。

· 在你的答复中释放信号。第七章详细讨论了信号的问题，信号可能是一个微笑或者轻微歪一下头，或者把打开的手收回来抱胸表示："我说完了。"

简单答案的特点

简单答案的特点对应了简单问题的特点：明白谁在回复、传达了什么信息、答复是否满足了提问者对信息的需求以及答复是否及时。

（1）谁在回复

正如提问者可能是决策者的传话人，你可以也是别人的想法的代言人。这就使答案不再是一个简单的答案了。

在面试中，"你最大的特长是什么？"可能是一个简单的问题。你是一个项目经理，你最擅长的就是能充分利用好甘特图的价值。但你又觉得这是一个很无聊的答案，于是你在回复中就引用了你在某个会议上听到的精彩的项目管理的内容，那你的答案就不再简单了。

（2）什么信息

一个简单的答案中可以加入很多信息，但不能有那些会导致混乱、带入情感的形容词和副词。那个擅长用甘特图的项目经理可以这么回答：

10年前，我发现了甘特图这种生产控制工具的价值，我要感谢我在某某公司的老板鼓励我使用这个。现在我非

27

常清楚如何在工作中使用这些工具。

这是对一个简单的问题的简单回答。那作为额外的信息，这个答案包含了事物（生产工具）、人物（老板）、时间（10年前）以及地点（某某公司）。

作为比较，这是一个加入了额外的形容词和副词的简单答案，结果就变得很混乱了："10年前，我发现了甘特图这样的生产控制工具的惊人价值，我要感谢我在 ABC 公司那了不起的老板，他在鼓励我用这个工具上做得简直太赞了。我真的非常清楚怎么把这些工具用到工作中。"

（3）如何 / 为什么

在一次会议上，你的上司会问你一个简单的问题："要在预算内按时完成产品，你需要获得什么样的帮助？"除非你有理由觉得他别有企图，不然你的简单答案就是要告诉他谁（人）、做什么（事物）、什么时候（时间）、在哪里（地点）你需要帮助。

（4）什么时候

不是所有简单的问题都需要立即回答，而且也不应该立刻回答。举个例子，你的客户问你她的包月服务合同中再加上10个小时的技术支持需要花多少钱，最好的回答可能如下：

要给您准确的数字的话，我需要回办公室和我的团队沟通一下。我稍后马上就去办，因为还有一些关于时间的几个变量我在这里暂时没法回答您。

你没有完全回答她的问题，但给出了一个完整的答案。换句话说，你提供了人物（我的团队）、事物（时间上的相关变量）、时间（马上）和地点（办公室、这里）。

用复杂的答案回复简单的问题

基于之前的讨论，你很可能已经非常清楚一个简单的问题都包含了什么。那为什么一个答案也会不简单呢，我们也给你一个提示：这个答案中所包含的不仅仅只是一个清楚的事实。

前面关于解雇的那个问题就是一个很好的例子。回答你如何解雇别人很容易——除非你对这件事带有情绪。问你解雇别人处理得好不好这个问题就难了，因为这个问题必然会涉及你对自己表现的评价。

如果情况更复杂的话，你可能并不想承认你曾经解雇

29

过别人，因为你只解雇过别人一次，那次公司还被起诉了。如果你坦白地说出你是如何解雇这个人的，那你就等于在告诉对方自己的"罪过"，自己给自己挖了个坑。

一个复杂的答案指的是即包含了事实也包含了感受，或者聚焦在你并不想泄露的事情上的答案。

现在我们假设你即将获得升职的机会——一次很大的晋升。你们公司的人力总监把你叫过去讨论你在公司未来的发展。你确信自己知道谁在提问、问的是什么、为什么要问这些问题、什么时候需要回答。这就意味着你会面对许多很简单的问题。想象一下自己就在那个会议室里，回答一下下列问题：

· 你对成功的定义是什么？

· 你最重视的是什么？

· 你怎么对待压力？

你的回答中掺入了多少情绪？你可能很诚实地回答了："我最重视我的家庭。我从我的孩子们那里获得生活中最大的乐趣。"如果你用类似的内容回答了上面三个问题中的任意一个，那你就是用一个不简单的答案回答了一个简单的问题。

不要试图避免这种情况。你只要知道你是在你的答复中多加了一个层次，你只是在用一个复杂答案回答了一个简单的问题。期待能让提问者用这个不简单的答案去挖掘你更深一层的想法和感受。例如，上面的例子提问者可能就会紧接着问了另一个容易回答且不强势的问题："很好啊。那你怎么协调工作和家庭的关系呢？"很遗憾，对你来说这个问题的答案就难了，因为你正和孩子的父亲/母亲离婚，你并不想在对话中讨论这个问题。

用转移话题的答案回复简单的问题

转移指的是让某事改变方向。有人向你提出一个简单的问题，你的答复可以像神奇女侠的鞭子一样：甩飞它们。英国沟通专家彼得·布尔（Peter Bull）研究了过去几十年里英国的政客们是如何避开或者转移问题，[1]其中两个方法是：

·对问题提出疑问。你可以要求对方进一步解释一下问题或者把问题抛回去："请详细解释一下你想知道什么。"

·给出一个不完整的答案。你给出一部分的答案，把问题转移开，然后接着说其他的事。

转移问题的方法还有很多，只不过其中也有很多方法会让你听起来很愚蠢——比如说假装听到了走廊上的烟雾报警器响了一样。上面提到的这两个方法至少能让你有机会把问题转移到你选择回答的事上面。

简单的问题，没有答案

比如说："不好意思，我回答不了这个问题。"政客们常常使用的另一种回答是："我不太记得了。"

给自己找理由。在销售的场景中，你可能会说："我现在没有这方面的信息"或者说"我对此不知情，不过我可以让我领导给您打电话"。在军队中就会说："这个问题超出了我的级别范围。"

另外一种方法，也是政客们经常使用的一种方法，就是重复问题中的一些表达而不予回复：

"议员先生，那条关于移民的条款是怎么加进税收法案的？"

"我理解你是在问关于移民的条款是怎么放进税收法

案中的，这确实是我们委员会也觉得非常有必要探索的一个问题。"

除非你就是想惹恼别人，否则的话尽量不要给出像这样相当于没回答的答案。

有些简单的问题不值得回答

曾经有一段时间——希望现在已经没有这种情况了——有些公司建议向求职者问一些奇怪的类似脑筋急转弯的问题。谷歌就是其中一家，但后来他们不这么做了，因为谷歌的高管们觉得这些问题毫无价值。

我们发现这些脑筋急转弯完全就是浪费时间。"你能在一架飞机里装进多少个高尔夫球？""曼哈顿有多少个加油站？"简直就是浪费时间。这些问题根本就得不出任何结论，主要的作用就是显得面试官好像很聪明。[2]

如果你不幸在某个非社交的场合被问了这么一个问题，你可以就笑一笑然后回复："我明天再回答你这个问题。"或者你可以采取一种合作式的方法："我不知道，不过我们一起研究一下吧，看能得出什么结论来。"

用问题来回复问题

用问题来回复是有很多巧妙的方法的。但这与单纯地重复问题来获取多余的时间截然相反，像有些领导经常回复记者就是说："你的意思是不是问我……"这就是单纯重复问题以获得时间来思考。

另外一个毫无用处也经常恼人的回复是给出一个反问句，也就是说理论上这个问题就包含了明显的答案，这样对方就知道你不会给出答案了。比如说，你的顾客问你市面上是否有产品比你们的产品更好。你回复："您觉得我不会回答有的，对吗？"这个答案既不有趣，也没用。

用来回复问题的有功能的问题——不是指拖延和混淆的功能——可以分为思索型的问题和启发型的问题。用问题来回复问题的驱动方向包括：

· 澄清

· 转变方向

· 推向结束

用来澄清的问题

用问题来回复既可以问清楚对方到底问的是什么，也能让回复者理清自己的思路。

（1）思索型问题

关于如何通过问题来阐明回复的意思，我们有一个印象很深的例子：1998 年，在电台节目《全新播报》（*Fresh Air*）中，美国国家公共广播电台 NPR 的特里·格罗斯（Terry Gross）采访歌手兼创作人拉伊·查尔斯（Ray Charles）。查尔斯的一套乡村音乐专辑刚刚发行，她问查尔斯为什么选择演唱《你不了解我》（*You Don't Know Me*）这首歌。

我选歌都是先从歌词开始挑。这些歌词对我来说表达了什么？讲述了什么样的故事？……然后，我跟自己说，这首歌适合多少人？我的意思是说，这首歌听上去是不是感觉大部分人都能感同身受呢？[3]

查尔斯用问题带着我们走进他的脑海里，跟着他一起思考到底要不要唱某首歌。在这种情况下，查尔斯的这些问题是在以一种比普通的陈述性语句更个人的方式来回答。与此同时，这些思索型的问题也让特里·格罗斯看上去是一个很有洞察力的主持人。

　　那次采访被认为是格罗斯主持《全新播报》30 多年来做过的 10 次最佳采访之一：简单、提问时机也刚刚好；同时，拉伊·查尔斯对这个好问题的回复也展示了这种一问一答对话的质量是取决于对话双方的。

　　会议和工作面试也是一样的。你如何回复一个问题决定了你是能提供对话的动力，使对话继续下去，还是会让对话在这一刻戛然而止。假设你正申请一家艺术博物馆的捐赠官一职。博物馆的馆长问你有什么办法可以募得资金来建一间新展厅。你可以用类似下面的思索型问题来回复，从而更清楚地了解馆长想听到什么：

　　我首先会聆听大家的兴趣点。那些潜在的捐赠者在诉说着他们对艺术的哪些热情？他们参观咱们博物馆各个展厅时是什么让他们很兴奋？为什么他们来咱们的活动时会觉得很骄傲？是为了支持我们和我们的愿景吗？

　　按逻辑，接下来馆长可能会说："太棒了！那这些信息如何帮助你组织你的募资活动呢？"这个问题就是让你开始探索你组织的过程了，而不是让你简单列举一些诸如"正式的活动、跟他们提议可以在某块牌匾上写上他们的名字……"等等你想做的事情而已。

（2）启发型的问题

启发型的问题可以通过使用关键词帮你看透问题，第五章会详细讨论关键词这个话题。这往往是一些是非题，只是为了明确要讨论的话题。

比如说你的顾客问你："这次产品更新中所有这些新功能的重要性在哪里？"你回复："您是不是想讨论一下这些新功能，这样您能明确地知道都是些什么功能？"你的重点是"新功能"，因为这是你想要讨论的，而表面上看上去是顾客关注的。但也有可能顾客确实是以一种迂回的方式在问这些新功能到底有何意义，可能他是想尽量不要多花钱来买新产品。这种情况下，他就会给你一个否定的回答，承认他只是想聊一聊能不能不多花这些钱。

不管你得到什么样的答复——是或否——你都得到了更明确的信息。

另外一种可行的方法就是"或者"的结构。比如，一个顾客就你给他们公司提供的软件包的更新问了你一个模糊的问题："我们去年谈过这个软件的更新，现在是什么情况？"

你回复："您主要关心的是更新的时间还是更新的内

容？"你挑出了关键词"更新"，问顾客觉得哪个问题更重要：时间还是内容。

弄清楚问题的另一种方法是强调你想回答的那部分："您主要感兴趣的是这些更新对您的日常操作有哪些帮助对吗？"

转移方向的问题

转移方向的问题也需要你发现关键词——这样你可以避免使用这些关键词。当你想避开某个话题时，你最不愿意做的事是强调这个话题的重要性。

你可能觉得逃避问题本身是一件坏事，所以你只想把自己放在一条笔直的单行线上来直接回复问题，尤其是当这个问题理论上来说是一个简单的问题时。按照哈佛商学院教授迈克尔·I. 诺顿（ Michael I. Norton ）和他的同事托德·罗杰斯（Todd Rogers）的研究，你可能需要重新思考一下这个问题。他们研究了"对话盲区"这种现象，这种现象指的不是不回答提出的问题，而是避开或者改变方向。他们发现人们倾向于"更重视风格而不是内容"[4]，因此，人们更愿意听到一个人把对话转移到他们处理得很好的话题上，而不是听这个人回答问题回答得很糟糕："比起不流利、吞吞吐吐地回答问题的人，人们偏向于也更信任和喜欢一个避开问题，但能很流利、很自信地表达的人。"[5]

（1）思索型的问题

提给你的问题是："你为什么愿意降薪来这里工作？"你知道自己并不想给出真实的答案，因为你其实夸大了你之前的工资，而现在也已经失业两个月，都快破产了。但你却说：

不多去尝试几次谁又能真正知道理想的工作到底是什么样的工作呢？

这样你就把重点从"减薪"转移到了"理想的工作"上来，并把理想工作与冒险联系在了一起——但其实不是你在冒险。通过把代词转换为第三人称，你就把焦点从原定的话题和你自己身上转移开了。

（2）启发型的问题

在一次新电影巡回宣传活动中，有人问演员凯拉·奈特利（Keira Knightley）如何做到在一个已婚女性的角色和职场女性的角色中来回转换。奈特利不带有任何不友好的语气，温柔地转移了话题："你今天有没有也问男同胞们这个问题？"[6]其实这样比较尖锐的反击在社交场合或者媒体采访时还算无伤大雅，但是在例如销售会或者工作面试这样的场合就不好用了。

顺便说一下，奈特利的回答如果换成用思索型的问题来回答的话，可以是这样的："我怎么这么幸运能两者兼得呢？我到底做了什么让我值得同时在家庭生活和工作中都拥有这么棒的伙伴呢？"此时，为了完全转移话题，可以用一句评论把对话转回到会议或采访原本关注的重点上来："我真的很高兴能够成为这部电影团队的一员，他们把这么重要的一个项目带到了我的人生中。"这种转移方式分为两步：用问题来转移原来的话题，然后立刻紧跟一个陈述建立新的话题。

政客们有时候非常擅长于用启发型的问题来回答那些让他们不舒服的问题。只要语气不是责难或者生硬的，加上用肢体语言表达他们的坦率开放，那这个方法比你想象的要更容易蒙混过关。

在面试中，面试官就你正在协调的一场为当地图书馆募资的正式活动问你："你为什么不做一些可以让更多当地居民参与进来的活动呢？"一个巧妙的回复是：

这个问题在多大程度上是因为担心这个晚会没法募集

到我们认为能募集到的 10000 美金呢？

像这样的一个启发型的问题就像一个曲线球。一旦从你嘴中掉出来，就进入了一个接收者无法预测的领域，也就是说你引出了一个 10000 美金的募资目标，擅长于无休止询问的人可能会又返回来问：“但是一个以社区居民为基础的活动不是也能做到吗？”为了进一步转移话题，你可以继续另一个启发型的问题来回复：

你怎么组织一个 3000 人的活动而不组织一个 100 人的活动呢？

让话题结束的问题

在谈判场合中，启发型的问题往往是推向结束的有用的工具。

玛丽安是一名作家兼著作代理人，她近期遇到一位编辑给她写了一封邮件，高度赞扬她所代理的一位作家，这个编辑在邮件最后说：“我什么时候能读到更多的稿子？”这是一个比较难回答的问题，因为那位作家实际上还在写稿，但还不愿意给任何人看更多的内容。

玛丽安回复道：“我们很高兴你想看到更多的内容，也想知道什么时候我们能收到合同呢？”她收到的回复是：

"本周晚点的时候。"玛丽安问了一个具体的、以结果为导向的问题。

思索型的问题在结束话题方面不太有用。即便是在可能存在势力不平衡的情况下，比如面试或销售会上，启发型的问题就是一个也许能帮到你、但不太好用的工具。第七章中，我们提供了很多肢体语言线索，可以告诉你对方是不是愿意接收你的信息，是不是相信你说的话。如果你感觉到了这些信号时——而且只有当你感觉到了这些信号时——你就可以用到启发型的问题来结束对话。

如果一个求职者很符合一个需要特殊技能的岗位，这个求职者可能比较适合使用这样的技巧：

"为什么这个岗位我们要聘用你？"

"那要找到一个既有我这样的经历背景又迫切地希望能为贵公司一员的人有多难呢？"

不管是在什么情况下，你都要明白每次你用一个启发型的问题做答复时，都是有意这么用的。这不是你在想不出任何别的答复时随意说出来的。

第三章　无论被问到什么问题，都能回答

简单的问题的定义反过来说就是不好回答的问题的第一个定义了：你不确定是谁在问问题、问了什么问题、为什么要问这个问题、什么时候需要回答。第二个定义就是一个不好回答的问题会让你陷入难堪的境地。你可能清楚谁在问、问了什么、为什么要问、什么时候该回答，但你可以给出不同的答案，把对话引向不同的方向，却又不知道哪种最好。和简单的问题一样，不好回答的问题也可以分为问得好的问题和问得不好的问题。

用简单的答案回复不好回答的问题

有些问题涉及情绪、长期记忆以及 / 或者分析等让问题变复杂的因素，解析是一个很好的方法，能帮助你很轻松回答这些问题。

"你 16 岁的时候，谁对你有改变一生的影响？"这个问题虽然看上去比较简单，但很有可能会不好回答，因为它强迫你思考、回忆起那个时候、回想当时你最关心的问题。如果你解析这个问题——也就是把这个问题分解成几部分——把它分别看成一个人、事物和时间的问题，这样问题就变得容易了。

通过解析问题，先思考最容易的部分：时间，回想一下 16 岁的你。

接下来就是"事物"这部分了。确定一下在你 16 岁的时候做的非常重要的决定或者发生的重要事情是什么。

然后，"谁"的答案就会浮现了。

在这短短毫秒之间，你的大脑飞速运转，想着你 16 岁时做的重大决定。"带萨拉去参加毕业舞会"蹦到你脑海里，但可能只有当你最后娶了萨拉，这个答案才能说得上是非常重要的。也就是说，没必要把你想到的第一件事或者第一个人就说出来。深呼吸，在决定如何回答问题前，想想你 16 岁时做的决定如何影响到你整个人生的轨迹的。

决定去上大学、加入海军、娶萨拉、离开篮球队、成为宇航员等念头在你脑海里飞速闪过。你只需要选择其中一个阐述，例如决定上大学。

这样你就得出了一个简单的答案：对你决定上大学产生重大影响的一个人：鼓励你成为作家的那位老师。沿着这个逻辑线到最后你会发现，你可能在 5 秒之内就能回答出在你 16 岁时对你产生过改变一生的影响的人是你的高中老师。

这就是用一个简单的答案回答一个不好回答的问题，除非你让问题遏制了你的思考过程。

你要做的就是：

1. 找出问题中涉及的信息的各个方面。

2. 按由易到难的顺序排列，上述例子中的顺序就是时间、事物和人物。

想象一下你在面试一个销售代表的岗位，面试官问了你这样一个问题："你销售的过程是什么样的？"这个问题比较难回答，因为乍一看很明显这是一个涉及"事物"的问题：你的销售过程。但这个问题中还包含了关于人物和时间的问题。在这个例子中，"事物"可能是最容易解决的部分了。想到这些，那你的答案可能为：

我的销售过程主要是和潜在客户建立关系，那这一过程从我见到那个人的第一面起就开始了。

这就是从事物转到人物、时间的一个简单的答案。

用复杂的答案回复不好回答的问题

我们把一个复杂答案定义为能启发你和提问者思考的答案。回复问题的第一步可能就是要给自己争取一点时间。如果对方的问题表述得很好，你可以先说："我喜欢这个问题！"这样在你思考答案的时候先给出个正面的回应，呼吸几口气、侧侧头，争取一点时间。

在你开口回答前，确定好下列哪个技巧对你来说最管用：

· 如果问题表述得不是很好，重新调整一下问题，让问题更明确一点。

· 从无到有开始组建答案，这种方法也叫"炖石头汤"。

· 用矛盾思考法来解决需要你做选择的难题。

调整问题

第二章中，我们介绍了问得好的问题和问得不好的问题。即便是聪明的人也常常会问一些组织得不好的问题，问题表述得非常差，给回复者造成了不必要的困难，不知道到底在问什么。如果在例如会议、面试或销售的场合中，有人问你一个导向性的问题、组合问题、不清楚的或者否定问句，你的第一反应是要理清问题——把它调整成一个好问题。

你可以采用以下某几个或者所有方法：

·请提问者重述一下问题。有时候，口中说出来的并不是脑海里想说的。不要预设提问者是在故意刁难你，希望在第二次表述时，问题能够理清楚。

·请提问者解释清楚，特别是要关注你最没有理解清楚的一个方面。例如，你听到的问题是："我们如何让这些月费更可控，这样如果未来我们想要变动合约的期限，可能再加几个功能，调整月费可以更容易一点？"你需要的有用信息是与影响月费有关的行为。你可以这么问："您是不是想知道我们能在合同期限和产品功能上做哪些调整来降低月费？"

·确保你和对方使用相同的词。如果要使用像上面这个例子中一样不着边际的问题，你需要知道客户的脑海里想的"可控"指的是什么。不重新表述问题或者说除了重新表述问题外，你可以问："您认为什么是可控的？"

·先用你自己的方式来解读那些模糊或者不确定的表达，然后根据你对问题的理解来回答。再拿上面那个例子来说，你可以对客户说："如果您是说我们必须延长多久的合同期、减少多少产品功能才能将您的月费降低到 5000 美元以下，那答案是……"

"石头汤"

"石头汤"的民间故事发生在一个小镇，经常很多饥饿的外地人去这个小镇。但没人给这些人提供食物，所以他们就拿出自己带着的一个大铁锅，加满了溪水。然后把铁锅放在小火上，用极其夸张的、吸引路人的动作，把一块石头放进装着水的锅里。其中一个人把长勺放进水里，说："嗯！真美味，不过要是能再加点胡萝卜就更好了。"一个妇人想着也许他们也能分她一点好喝的汤，于是就给了他们一些胡萝卜。同样，还有人拿来了白菜等。村民们围在锅旁看着这些人搅拌着汤里的东西，讨论着这个汤还需要再加点什么可以达到最美味的效果。最后，他们就做出了一锅美味的汤，和众人分享了。

这个故事就展示了你如何从无到有，最后每个人都对结果感到很惊叹。假设你面试一家航空公司的公关职位时遇到了一个不好回答的问题。你面试前已经准备好了产品相关的问题、人际交往的问题、财务上的问题、品牌的问题——但没准备这个问题："如果我们的一架飞机撞山了，一名美国参议院议员因此而丧生，你怎么来处理这个危机公关？"

你面临的是一个"事物"的问题，涉及时间敏感性的事和重要人物，"地点"在这个故事中非常重要。

你把你的石头放进一锅水中："我们从强生公司的经验中学到，像这样的情况，如果处理得好，结果可以提升公司未来的信誉。"到目前为止，你还没做过任何事来熬制那份汤，只提到了好汤应该是什么样的：强生的例子就是一个经典的危机公关成功的例子。芝加哥地区 7 个人因吃了强生生产的含氰化物的泰勒诺胶囊丧生后，公司站出来正面危机，立刻在全国范围内召回 3100 万瓶泰勒诺。

提问的人点头表示知道这件事："是的，我记得当时他们 CEO 危机后做的第一件事就是走到台前告诉大家到底发生了什么事。"那现在你就有萝卜了。

对方的这个评论就给了你一个提问的机会："那贵公

司的 CEO 能多快地对这样的坏消息做出回应呢？"对方的
答案就给了你白菜。

这个互动的过程可以给你信息来帮你组织出一个反映
了公司政策、程序和优先原则的答案。持续不断加入新的料，
搅拌，看，一锅好汤就出现了。

矛盾思考法

在会议或者面试中，有一类比较普遍的不好回答的问
题就是涉及选择题的问题。例如，你正在面试一个管理岗，
面试官想要了解你如何处理一个要么无法按预算完成、要
么如果保质保量但又无法按时完成的项目。这时候就可以
用到矛盾思考法了，这个术语是黛波拉·施洛德－索勒尼
耶（Deborah Schroeder–Saulnier）在她《矛盾思考法》（*The
Power of Paradox*）一书中用到的，这个术语也因为这本书
流行起来。

矛盾思考法是一种"并存"式的思考方式。这种思考
是找到你面临的两难矛盾，并确定在关键目标上矛盾对立
面又是如何相互依存的……

矛盾思考法能够让我们对相互冲突的目标进行平衡管
理。一家企业既想要以创新闻名，同时又想要让顾客觉得

企业很稳定，既想要让股东们对强劲的短期收入感到很振奋，同时又希望采取措施确保长期健康发展。光从这两个例子就很容易看到如果没有成功处理好这些重大的矛盾，会导致企业摇摇欲坠，甚至可能直接倒闭。

对矛盾采取一种欣赏的态度，这样可以让我们分开来看待有冲突的需求，然后优先解决矛盾的其中一方面。[1]

上述的项目管理的例子中隐藏的目标是质量。其中相冲突的需求是资金和时间。问题中没有给出与项目范畴和预期成果相关的更详细的资金或者时间数据，所以你没有办法给出一个具体的答案来说你如何处理这个问题——但是你可以给出一个启发思考的答案。如果你自信地表示这正是一个兼顾时间和资金的机会，把两个问题看成相互依赖的因素，而不是做出二选一的选择，那么你就开始让提问者跟随着你的聪明方式来解决这个挑战。你可能首先会指出一个项目中"二选一"的问题往往导致像比萨斜塔和塔科马海峡吊桥一样不平衡的结果。

我们认识的一个人力资源顾问就运用过矛盾思考法；早在矛盾思考法这个术语诞生前她就用到过这种方法了。位于华盛顿特区的一个贸易集团的部门内部经历过一次很糟糕的人际关系。这个部门的负责人受董事会的成员喜欢，但她的下属都不喜欢她。她对员工们傲慢和不尊重，员工们就对她表现出傲慢和不尊重。集团的董事长发现了这个问题，把它当成了一个非此即彼的选择问题：要么保留原有的员工不动，解雇这个部门负责人，要么解雇员工，留下负责人。这个董事长是这么问这个人力顾问的："我们要选择哪个办法呢？解雇部门负责人还是解雇那些员工？"

在和所有人面谈之后，顾问回复董事长："留下负责人，也留下员工们。"

"这怎么行得通？"董事长可能觉得他是不是在这个顾问上浪费钱了。

顾问告诉董事长她和这些人面谈之后发现员工凯特是个非常好的沟通人员，可以培养成为一个中间人。她的工作能确保上司和员工之间信息和工作任务的上传下达。在几周内，这个新的体系就运作得非常好了，而且意外的收获是凯特传达她的上司的想法和指令时让员工们觉得上司还是很不错的。员工们的怒气消失了，部门负责人也一样，凯特汇报员工们工作成果的方式让她更温暖地感受到了员工们的贡献和能力。

这个故事和对矛盾思考法的应用给我们一个很大的收获就是你需要想一想当你在用"并存"来回复一个二选一的矛盾问题时，你的答案听起来会有多平衡、多聪明。

用转移话题的答案回复不好回答的问题

我们有几个经典的政治上的例子可以开启这个话题的讨论。在时任总统的奥巴马和总统竞选人米特·罗姆尼的一场辩论之后，罗姆尼因为一个问题回答得很闪烁其词而被一名记者批评。罗姆尼回复道："你可以想问什么问题就问什么问题，我也可以想怎么回答就怎么回答。"[2]

有时候，面试官或采访者、顾客会问一些不合适或者不合时宜的问题，至少在接受提问的那一方感觉到是这样的。有一个流行文化方面的例子——这个例子是采访者的失言导致了人们对该采访者的评价降低——美国全国广播公司 NBC 的女主播梅根·凯莉（Megyn Kelly）对奥斯卡获奖演员简·方达（Jane Fonda）的采访。理论上，这种晨间软新闻节目应该是关注方达的新电影，结果，凯莉问了方达的整容手术。方达在语言上就直接拒绝了凯莉，转移了话题，暗示主持人越界了。

不过在职场上，你不太可能处于一个能拒绝别人的位置。我们会给你展示能起到相同作用的其他方法。也就是说，我们可以证明有时候你可以做到米特·罗姆尼所说的。

首先，我们要事先提醒一句：很多人在被问到让自己不舒服的问题时会局促并/或者焦躁，会有一些摸耳朵、搓手指头等任何你在紧张的时候经常做的小动作，你可以通过停止这些小动作来控制这种焦躁。不过，如果你是比较容易脸红，那可能没办法控制。深呼吸几口气，用下面介绍的转移技巧把提问者的注意力转移到你说的话上，如果你挺直腰背坐直、完整地说出你的回答，那你在脸红的同时也可以表现得很自信。

讲故事

"你为什么辞掉上一份工作？"可能单纯只是一个问题，并没有想要给你设任何陷阱。直接的答案就是："名义上，我是被迫离职的，但实际上我是被解雇的。"但你不打算这么直白讲实话；你在这次工作面试中才进行了 5 分钟，这样的回答可能会影响面试官对你的印象。你可以这么回答：

我的经理走到我的桌前说："嗨，你好吗？"我就知道肯定出事了，因为他一直在圣荷西办公室工作，我在芝加哥，他不可能飞 2000 英里来和我打招呼。他解释说公司现在遭遇了一些亏损，需要在办公处裁减员工。"果然。"我想着。然后，我就发现自己拿到一笔还不错的遣散费。

那些天生会讲故事的人有时候甚至在本意并非如此的情况下就把话题给转移开了。他们很有趣，能把听众从一个世界拉到了另外一个世界。只要故事恰到好处又简洁，几乎在每一个商业场合都有用武之地。保罗·史密斯（Paul Smith）写过两本商业畅销书《用故事做管理》（*Lead with a Story*）和《销售就是卖故事》（*Sell with a Story*），讲的是在职场上讲故事的价值。在《销售就是卖故事》这本书中，史密斯列举了 10 条理由说明为什么销售人员要用故事来吸引注意力、建立信任、达成交易。

在有提问环节的场景中，不管是销售会、求职面试、媒体采访，还是其他有问有答的场合，史密斯给出的这五条理由能很好地提醒我们故事可以帮助你把对方的注意力放在你想说的点上。这五条理由可以帮助你掌控对话。

1. 故事有助于建立牢固的关系，尤其是当你讲的故事能"从一个私人、亲密的角度看到你的世界，甚至还可能看到你脆弱的一面"。[3]

2. 讲故事能直接与对方大脑中做决定的部分"对话"。

3. 讲故事通过把你想表达的主要内容放到另一个语境中来突出了你主要想说的。

4. 故事具有感染力。

5. 讲故事可以让你有机会展现自我。

建立联系

1929 年，匈牙利作家弗里杰什·考林蒂（Frigyes Karinthy）假设了世界上每个人能够在六步以内联系起来，用来证明这一假设的实验叫作"六度分隔"，在流行文化中就由此产生了"凯文·培根游戏"（Kevin Bacon Game）。如果你的大脑能很容易建立联系，那么你可能就很适合通过六度联系的方法来回答某个不好回答的问题。

这里说的不是人与人之间的联系，而是说你可以在话题之间建立联系。

我们想象一下你已经抵达和一位重要潜在客户见面的地点，但拿着 PPT 的同事迟到了。潜在客户试图和你闲谈，然后问你："你最近看了什么电影？"这看上去好像是个无伤大雅的问题，只不过你知道你在电影方面的品位很差，如果你承认你现在在第四次看《马铃薯男人的性生活》（*Sex Lives of the Potato Men*）这部电影的话，那你在这个潜在客户那里的信誉度可能就是零了。你更希望聊一聊棒球，因为你正好对棒球了解得更多一些。那对话可以这么进行：

"你最近都看了什么电影？"

"一部关于食物的电影……"

"噢，我最喜欢的关于食物的电影是《朱莉与朱莉娅》（*Julie & Julia*）！你看过吗？"

你根本就没看过这部电影，所以你只能瞎碰运气："那部电影是在纽约拍的吗？"毕竟每年有上百部电影在纽约拍摄，所以你还是有一定的机会猜对的。

"是的——好吧，其实朱莉娅那部分是在纽约拍的。"

"噢，当然了。我总是倾向于把电影记成是在纽约拍的，因为我是纽约大都会（New York Mets，美国职业棒球大联盟的一支在纽约的球队）的超级粉丝。"

你做到了！你刚用了三步把话题从电影上转移到了棒球上。只要你的这位潜在客户不是洋基队的粉丝，那你转移的就很成功。

解读

一个带有信息多个方面的问题让你有机会更关注其中一个方面，或者完全忽视某个不和谐的话题。

现在的场景：你昨天和一位重要客户的交流搞砸了，刚抵达和老板的事后情况说明会的可怕现场。其实此刻你更希望花时间去做一些损失控制的工作，而不是去跟公司的副总解释当前的情况。她开头的评论和问题是："我听说昨天和客户的见面比较坎坷，据说是不和咱们签合同了，换成和咱们的竞争对手签了，这是怎么回事，咱们怎么解决这个问题？"

你已经在"如何解决"上思考过了很多，这也是你要花百分之百的精力处理的问题。只要这次和老板的会还在继续，你就要避开所有的空话。

另外一种解读不好回答的问题的方式就是关注某一个词。几分钟后这位副总又追问了一个问题："你怎么看待客户对于选择竞争对手更感兴趣？"你聚焦在"兴趣"上。客户最在意的是品牌认知度，对名人代言很感兴趣，等等。

讨论

一个不好回答的问题可以是面试官或者客户开启一段

对话的方式。哪怕是工作面试或者合同谈判，提出的问题你都可能需要理解成是开启对话的"开胃菜"。

你应聘管理岗的面试官可能直接看着你的眼睛问道："为什么我们还是受限于项目管理的三重约束（即项目管理和执行过程中要考虑的三个核心问题：时间、成本和绩效）？"这可能是、也可能不是专门针对你而提出的一个问题，但你肯定能从中看出这个人可能并不认可你职业生涯中一直遵循的传统的三重约束理论。

你可以评论说："有很多约束因素都能对项目产生影响。"这样，你没有回答"为什么要受限于"，但确实开启了一段对话，也许能让你了解到这个人在想什么。

聚焦

你需要回答一个大范畴的问题，但你又不知道从何说起或者说到哪里停止。与其让自己在大话题的某些方面说得不清不楚，很是尴尬，不如缩小到你熟悉或者专业的领域。

"你为什么觉得你适合这个管理岗？"这个问题可以把你带向各个方向，你可以聊你的迈尔斯－布里格斯职业性格分析，也可以突出你工商管理硕士教育背景的价值。

我在广告公司的工作职责很大，但和您的需求最相关的经验是在我全日制研究生学习期间，同时有两年学生中心管理的经验。我当时必须要各项任务安排有序、激励大家、及时出现在全校各个角落。

我们在这部分介绍的所有这些策略需要你练习得非常得心应手，潜入到深水区后也能像个专业游泳运动员一样如鱼得水。你不能过于拘谨，也不能还在刚开始试水还需要不停地浮上水面换气时就开始正式使用。你需要掌控对话，让它按照你想要的方向走。

不好回答的问题，没有答案

一个国家首脑可以用这样的回答来躲开不好回答的问题："关于这个问题我们下周会有个重大的宣布。"但是你不可以。普通人在会议或者面试中主要是通过以下其中一种做法来回避一个问题：

·说实话。"这个问题我没法给你一个好答案，因为……"还可以说："我不知道""我如果回答了我会陷入很尴尬的境地"，或者"我可能需要更多的时间来思考最适当的回答，但现在时间不够了"。

·转变话题。"不好意思，这个问题让我想到了一件我觉得我应该在这次会议上跟你们说的事。"

·找借口。"抱歉，请给我点时间。请问卫生间在哪里？"

·反转。"您问我工作方面最大的噩梦是什么，我明白，不过我想先跟您分享一个梦想成真的小故事。"

练习：讲故事、建立联系和回复奇怪的问题

下面三个练习都是需要互动的。想要熟练掌握就得叫上其他人——最好是找和你一样也想发展同样技能的人。

前两个练习主要是培养对掌控对话最有用的两种能力：讲故事和建立联系。能熟练掌握其中一种或两种的人可以在短短几分钟内把对方带向一个完全不同的对话方向。

第三个练习是带你用思索型的问题或者启发型的问题来回复一些比较奇怪的问题——Glassdor，Quora，Vault 和 FlexJobs 这些网站中提到的在面试中都真实存在的问题。

展开一个"我是做什么的"的故事

保罗·史密斯在《销售就是卖故事》一书中给出了上面的这个建议，除了他的基本建议，我们还想补充一点：

你的故事最好是 100 字左右。重点是要立刻调动起对方的好奇，想了解你是谁，做什么的。在马克·萨特菲尔德（Mark Satterfield）《独特的销售故事》（Unique Sales Stories）一书中有这么一个例子，是讲述某人在养鸡行业中"我是做什么的"的故事：

你怎么在不到三天的时间内，把鸡从养鸡场送到零售店，变成直接可以烹饪出美味的鸡肉呢？这个过程涉及物流、很多相关人员、很多不同的公司，而且如果从养鸡场到零售店过程中任何一个环节出现了问题，整个链条就很快断了，好鸡也变成了腐臭的毛团。所以基本上我做的事就是要监管整个过程中的每一步，并且也尽量想想有没有什么办法让这个过程更快、更好、成本更低或更高效。[4]

一旦你有了这个"我是做什么的"的故事，你可以在几个人身上试一试。如果你比较外向，就试着对你刚刚认识的问你情况的人讲讲这个故事。

"六度分隔"，亦称"凯文·培根游戏"

不管你是拿着一杯咖啡和一盒全麦饼干待在会议室还是和你朋友在酒吧，你都可以通过这个游戏来打磨你的技能。

·在某个新闻网上找一个话题。不管是哪个话题都行，因为这只是作为一个开头。假设是《赫芬顿邮报》（*The Huffington Post*），你在上面选了一则头条新闻，话题就是地震。

·你的一个朋友或同事去娱乐新闻上挑另外一个话题。同样，不管是哪个话题都行。假设你朋友是在《今夜娱乐》（*Entertainment Tonight*）上找的，话题是詹妮弗·安妮丝顿（Jennifer Aniston）。两个话题你都了解，但和你玩这个游戏的朋友并不了解。

·你的挑战就是，在对方并不知情的情况下，要在对话六个来回内把话题从地震转移到詹妮弗·安妮丝顿，例如：

0 墨西哥经常遭受这种可怕的地震！

是啊！这次的地震好像离巴哈不远吧。

0 离洛杉矶就一个小时左右。

天哪，离明星们的家那么近，不知道他们会不会参与赈灾？

0 我觉得会的。记得海地地震后那些募捐的明星们吧？

我记得！当时看到电视上那些一线明星还在接募捐电话。

O是啊，很棒呢。还有詹妮弗·安妮丝顿还接了个承诺捐款的电话。

从地震到安妮丝顿就用了四步。

寻求问题

《快公司》（*Fast Company*）杂志从 Glassdoor、Quora、Vault 和 FlexJobs 网站上收集了一些不平常的面试问题，发表了一篇题为《36 个回答起来其实很有意思的面试问题》（*36 Interview Questions That Are Actually Fun to Answer*）的文章。不过，我们很清楚并不是所有人都会觉得这些问题很有趣，也认为有些问题用问题来回答比用答案来回答更好。我们邀请你把这个当作一种方法来尝试，可以更熟练地用问题来回复不好回答的问题。

例如，有人问你："如果你是一盒蜡笔中的新成员，你会是一个什么颜色？"你思索型的答案可能是：

我看到周六傍晚的自己和周一早上的自己有哪些不一样的地方呢？我是什么颜色有多少是受到我早上有没有吃好的影响？我在感受到认可和欣赏时的颜色和我感觉被拒绝时的颜色是不是不一样呢？

还有几个其他的问题可以用思索型的问题或者启发型

的问题来回答：

·如果你可以成为任何一种动物，你想成为哪种动物，为什么？（Quora）

·你长大以后想成为什么样的人？（FlexJobs）

·什么事情能激励启发你？（Vault）

·如果给你一个机会把美国的一个州划掉，你选择哪个州？（Glassdoor）

·蜘蛛侠和蝙蝠侠对战，谁会赢？（Glassdoor）

第四章　谈判背后的动机

　　许多年来，人们一直用马斯洛的需求层次理论来解释人的动机。亚伯拉罕·马斯洛（Abraham Maslow）于1943 年在其论文《人类动机的理论》（*A Theory of Human Motivation*）中"据说"提出理论，认为人类首先会满足其对食物、庇所等最基本的物质需求。一旦这些需求得到满足，他们会解决安全感的需求。只有在这些需求得到满足后，他们才会开始寻求社会归属和联系。满足这层需求后，他们可以继续解决自尊的需求，最后是自我实现的需求，也就是说实现其作为人的最大的潜力。

　　我们之所以说"据说提出了理论"，是因为人们往往认为是马斯洛建立了对人类动力理解的严格框架，但其实不应该都归结到马斯洛身上。他并没有说过人们说的他说过的话。他只讨论了在诸多因素中，价值和个人嗜好对于基本需求和建立动机的作用。

那这种分析人性和行为的理论如何能帮助你理解提问者的目的呢？因为人们很容易设想别人是出于什么样的动机来问你问题——这些设想可能会对你不利。在职场环境中，你脑海中的一个设想可能是顾客或面试官问你问题是因为他必须问，因为他的工作就是要从你这里获得信息。"安全感"成了最主要的动机：如果他没有问对问题，没有获得想要的答案，就可能会丢掉工作。

某些情况下可能是这样的。当出现在这样的情况时，你怎么想、你说了什么故事、你的个性如何，这些都不重要，你可能也就是一个提供答案的人而已。问这个问题的人肯定也就是想建立一个"功能型的关系"。

不过，我们并不觉得这种安全感的需求是最常见的动机。考虑到价值标准和个人兴趣在我们的动机中也发挥着作用——即便是根据马斯洛的理论——我们觉得大部分问题是邀请对方建立沟通联系。

如果提问题的人是把问题当成一个了解你和发现信息的工具来提问的，那么他们是想要建立一个实质型的关系，而不仅仅是功能型关系。

实质型的关系

马斯洛对于人性需求有着敏锐洞察力，这一点是值得肯定的，所以我们认为想和你建立实质型关系的人是想了解你的价值观、技能、兴趣和你优先考虑的问题与他们以及/或者他们公司的价值观、所需要的技能和优先考虑的问题是否相符。他们想要和你建立联系的原因不止为了保住工作，可能还包括社会归属、自我尊重或者甚至自我实现。

不管你是卖东西、面试工作、开会还是给文章或广播提供信息，你都会被看作是以下的一种或多种：

1. 事实的来源，这个人可能可以从很多渠道获得这些信息，但喜欢从你那里获得。

2. 和提问者有很多相似之处的人，如相似的目标、计划、使命、政治观点、宗教或对跑车的热情。

3. 拥有丰富的智慧或知识的人，能帮助这个人成长提升。

4. 一个有着巨大潜力的个体，值得培养、帮助你发现机会。

当然还有其他不同的说法，底线就是你不要被当成一个像 DATA 这样的人形机器人。你能给提问者提供的信息远不止简单的事实。总的动机是要建立联系；具体的动机就涉及哪一类联系了。

要回答这个问题，我们需要回到马斯洛需求层次理论的简单化观点，把这作为讨论的一个框架。在我们的讨论中，我们将研究每一种建立联系的方式存在怎样的潜在陷阱，这些陷阱会从你那里"窃取"对对话的掌控，然后我们会给出一些建议来帮助你加强对对话的掌控。

归属感

四类问题可以表明你所面对的人是想要一种包含相互配合的关系。这种关系是希望达到一个能轻松互动的舒适度。对方可能会问你：

·不相关的问题。与要讨论的正事无关的问题往往会让人比较放松。

〇总的来说，稍微聊聊一些共同感兴趣的话题可以拉近两人的关系，能让接下来的正事进行得更舒服。"你旅途如何？"是一个常用的开头。但也有些人是用闲聊来躲避谈论正事。如果你在会面中想要完成某件事，那你可以使用前面练成的六步分割理论技巧把话题再拉回到与工作相关的话题上来。例如，你见面的人想和你聊一下大雪，但你的任务是要在会谈结束后拿到一份项目预算。你可以这么说："我很不喜欢铲雪，就好像我很不喜欢算数字一样，但没办法，咱们还是得算一下数字。"

·涉及对等交换的问题。透露看似很私人的事情是一些人用来打开对方心门的一种方法。他们觉得告诉你一个"秘密"就意味着你也会对等回应。"我真的很不喜欢那些没思考好邮件内容就把邮件发出的人。你呢？"

o 如果处理得很好的话，这种对等交换的技巧可以加强两人的关系。这是间谍和审讯员常用的标准诱导技巧之一（本章后面的内容会继续讨论诱导技巧）。我们在此提醒你，无论对方向你揭露了什么，如果这些内容比较敏感或者私人，就不要对等回应。如果你也泄露了某些私人或者机密的信息的话，那对话的掌控权很快就从你手中溜走了。

·询问观点而非事实的问题。

o 那些真正对你的观点感兴趣的人会足够尊重并欣赏

你的学识或专业。他们觉得听你的观点会从中获益。但除非你和对方很熟，否则的话，不要给出很偏激的观点，这样会让你在对话中处于弱势。还有一种情况会让你失去掌控。学者出版社是一家出版书籍和教辅材料的出版社，他们的网站中有给教师、家长、学生和教育体系中其他有关人员使用的内容，他们给这些人列出了一系列"观点提示词"[1]，我们觉得这个清单很好地列出了在职场环境中提供个人观点时要避免的词：

总是 / 从不

糟糕的 / 极好的

美的 / 丑的

更好的 / 最好的 / 最差的

美味的 / 恶心的

一定

美好的 / 可怕的

最喜欢的

支持 / 反对

好的 / 坏的

次等的 / 高等的

反对 / 支持

糟糕的

不公平的

值得的

·有关选择的问题。"为什么"的问题往往是让人们解释他们的决策过程,分析他们优先考虑的事情:"你研究生为什么选择去科罗拉多大学而不是继续待在斯坦福呢?"

o 你可以用经过深思熟虑的答案来回答这类"为什么"的问题,透露你的逻辑、主要担心的问题和目的等方面的重要信息。但这有可能也会让你陷入困境。如果上面例句中的问题是在和新客户见面或工作面试时提出的,那么你肯定不想提那些不堪的细节:比如你在斯坦福的未婚妻跟你最好的朋友跑了。

识别出所有这些问题,把它们理解成提问者想要和你建立关系的信号。要意识到这一点,并把它当作见面或面试的目标,但又不让其超出了你们会面的主要目的。

尊重

如果有人把你的存在和贡献看作是为自己建立自尊心

的方式，那他们会问你的成就和缺点。考虑聘用你的经理想要确保你可以让她自己看起来也很优秀。评估你的产品的顾客希望你向他保证你、你们公司和你的产品比竞争对手要优秀。

我们认识一个顾问，有一次她飞去台北和一个国际科技组织的董事们进行一次为期一周的面谈。她一开始预计她要回答的大部分问题是关于她计划如何解决他们的财务挑战，结果却被问到一些与她和其他客户的工作细节，让她有点措手不及。她最终意识到这些董事觉得他们的个人名誉与她能否把他们机构的财务赤字扭转过来联系在一起——但他们其实并不喜欢推测如何实现。他们都是技术人员，关注的是能最终记录下来的实实在在的成绩，而不是预测专业如何能应用到他们的问题上。

如果她能早点在这个过程中意识到这一点，那她就有可能签下合同了。有时候人们甚至都还没有意识到发生了什么，就发现了提问者的动机并企图利用这种动机。夸大成就、绕开缺点、过度承诺结果——这些是人们为自己制造的陷阱。这么做会引起怀疑，可能会产生与预期相反的效果。

记住，那些带着自尊心动机向你提问的人需要知道她能信得过你。每一次夸大的陈述可能会把你推向谎言的下坡路，并被推出门外。

自我实现

在《肢体语言销售秘诀》（*Body Language Sales Secrets*）一书中，吉姆·麦考密克（Jim McCormick）研究了那些想向慈善机构捐赠一笔大额捐款的人的需求和心愿。这些都与自我实现有关，包括了实用的、道德的、社会的、精神上的和历史的原因[2]。例如，当这个人的动机是自我实现时，不管是聊到一笔大捐赠还是一桩大买卖，你听到的问题都会与能留下什么财富、会有什么社会关系有关。

上面说的"大"不一定是由金钱数额来定义。当吉姆·派尔在森林草地公墓卖墓地的时候，他就会让买家思考他们的购买决定能给他们留下什么，对逝者的孩子们或者孙辈们来说意味着什么。因为森林草地公墓是 20 世纪初以来很多名人的安息之地，能让人觉得可以与这些名人联系在一起，这就成了一个卖点。有些买家可能就会问例如"我的墓地会离迪士尼创始人沃尔特·迪士尼的墓多近？"这类问题。

　　玛丽安遇到过一名医师,这个医师雇了一个宣传人员,帮他宣传生活方式的改变。并不是他想出名,而是他想让他的见解和发现能成为热点话题,从而帮助大家改善生活。在面试宣传岗位候选人时,这名医生问了很多关于社会关系的问题,比如:"谁激励了你?""谁是你最好的老师?"因为这个是要即将在他自我实现的道路上帮他一把的,所以医生希望这个人是那种会更喜欢看埃克哈特·托勒(Eckhart Tolle),而不是斯蒂芬·金(Stephen King)(虽然我们知道很多人很崇拜斯蒂芬·金)。

　　如果你处于一个不寻常的场景,要回答那些出于自我实现考虑而形成的问题,最佳做法之一可能就是用问题来回复。比如说弄清楚这个人如何定义"遗产"、他想和什么样的人建立联系。

他们的动机 VS 你的动机

　　当你的动机和对方的动机不匹配时,你会很容易失去对对话的掌控。你们之间相当于是存在冲突的。

　　有些情况下,人们面试的是适合自己的工作,但不关心工作环境或者还有谁在那里工作。他们只想要功能型的关系。有家公司在纽约的一个小办公处的高级经理曾告诉我们，他们会在面试时告诉应聘者办公处的人偶尔会在马路对面的酒吧聚会。她会问应聘者："你觉得怎么样？"通常，这是一个表示欢迎的消息，但有一次，一个应聘者说："我是一个单身妈妈，有三个孩子，这可能不是最适合我的。"

可能往往也会存在相反的情况。玛丽安刚毕业的时候，去一家金融服务公司面试了一份工作。那可能是她做的最差的决定，因为那份工作的性质是非常冷漠的。面试她的经理只希望建立功能型的关系，在问了十五分钟后就觉得玛丽安应该离开。他的意思大概就是玛丽安太喜欢和人互动了，这样的工作她做不了。这是一个很有价值的经验，直到今天，她都很感谢这个人直接就说了让她走了。

另外也有一些错误的信号让双方都争相想弄清楚对方是什么意思。我们在过去这些年里见过很多这样的情况。不管是办公室假日派对还是正式会议的接待中，某人还在品尝夏敦埃酒，突然会从嘴里蹦出来一些暗示了想要和对方建立联系的问题。这样的场合其实仍然是属于职场，所以如果你遵循与在会议场合一样的应对原则，那你就能更好地应对这些问题。

应对不确定性

在任何动机不确定的情况下，你所采用的技能就需要包括弄清楚动机的技能。情报工作人员常用的三个诱导技巧是对等交换、恭敬和积极聆听。诱导通常都被定义为一种让别人和你聊敏感话题的心理学方法。

·我们之前也提到过，当你听到提问者用对等交换的方法时，这就是一个表示想要和你建立联系的信号。对方就是为了让你交换对等的信息。你可以一开始用一种展示信任甚至有点脆弱的方式来开始建立联系，然后对方的回应可以让你更清楚地看到他是更倾向于实质型的关系还是功能型的关系。例如，你们讨论的产品有一种独特的红色——也是你们品牌标识的特点之一——但你可能会承认设计这件产品的工程师不小心给涂成了黑色，但没人注意到。结果你们没进行谈判式的对话，而是顾客跳过了这个问题直接问了价格。那你们要建立的就是功能型的关系，而不是实质的关系。

·对别人的专业表示恭敬也是一种鼓励对方说话——聊她自己的方法。在会议进行到一半时，你听到对方问了你一个问题，把聚光灯打在了你身上，让你产生一种错觉，觉得这个人很尊重你，想在专业上和你建立联系。她似乎给你提了一个有挑战性的问题："会是什么样的错误导致了那个项目的失败？"

"你可能比我更适合给出评价。"你回复道，"你用ACME建筑软件的工作是成功的典范，所以我觉得你比我更能把握到底是什么样的错误会导致项目失败。"

·积极倾听是第五章中讨论的技巧，第六章更详细地阐述了这部分的内容。就目前而言，我们暂且说大部分人其实是喜欢滔滔不绝地说的。如果你问一个问题之后，在别人回答的时候不停地点头、做一些动作表示你对对方的回复感兴趣，那你就是在鼓励对方继续说。聆听——不断地聆听——然后发现。

练习：留意大家的问题

当你在一个场合中，很确定别人想和你建立联系——比较低调、社交的关系，留意大家问你的问题。你会发现，这些问题就和那些对功能型而不是实质型关系更感兴趣的人问出的问题存在鲜明的对比。

第五章　如何通过强化答案来规避陷阱

关键词和肢体语言是两个主要的答案强化剂。我们需要从"发现理解"和"使用"两个角度来解读关键词和肢体语言，这一点很重要。你既要能在问题中发现关键词，也要能在回答中用到关键词；既能理解提问者的肢体语言，也要能使用自己的肢体语言来强化自己的信息。

识别关键词

搜索引擎优化中所说的"关键词"的定义比我们所说的"关键词"的定义更具体。从最宽泛的角度去理解，关键词指的就是理解所表达内容的含义的关键。关键词在一个问题或称述中有着重要意义，因为关键词把你的注意力引到重要的内容上。根据我们这本书的需要，我们把关键词分为四类：

1. 提示信息四个方面的词：你要关注的就是我们从第一章开始一直在讨论的人物、事物、地点和时间。"你的会议开得怎么样？"这个问题中的关键词是事物：会议。

2. 动词：注意表达的动作或状态。"你打算怎么打倒他？"可能有多重含义；理解这个问题的关键是要知道这个问题中的"打倒"是什么意思。这个动词的时态也能给你信息这个动作发生在什么时候。"你是怎么打倒他的？"指的是已经发生过了的事，而不是未来某个时间将发生的事。

3. 修饰词：形容词和副词在使用得好的时候也能成为关键词。（注意：在这个句子中，副词"好"就是一个关键词。）好的形容词和副词都可以成为关键词。（注意：这个句子中，形容词"好的"也是一个关键词。）

4. 语气词：指的是诸如"当然""毫无疑问"这类短语。像这样的短语是用来说明某个观点或者情况时非常显而易见的；这些表达反映了偏见并把偏见融入对话中，因此也应当被当成理解对方意思的关键词。美国国家公共电台一则关于唐纳德·特朗普就任美国总统一年来司法部空缺职位数的报道就是一个完美的例子。记者念着司法部仍空缺的所谓的重要岗位的清单："一年了，司法部里刑事法分支、国家安全分支、税收分支、环境分支，当然，还有公民权利分支都还没人负责。"这篇"报道"中内含的一个判断是特朗普在任期内，相较于其他司法分支，企图减少对公民权利方面的重视。这类似于你网页设计服务的一个客户对你说："当然了，你把我安排在下个月，因为你需要马上服务一个更重要的大客户，对吧？"

问题中的关键词

你的客户给你发邮件问道："为什么我们要在上午 11 点约在宾夕法尼亚大道见面呢？那天下午在那附近很早就开始进行游行会了。"其实通过短信或邮件中发这样的问题，这个问题可以有多种理解。你不确定关键词到底是哪个。但是，如果她给你打电话的话，她就会表达清楚：

"为什么我们要在上午 11 点约在宾夕法尼亚大道见面呢？那天下午在那附近很早就开始进行游行会了。"这个强调使时间成为理解的关键，那么你就可以回答："说得很对，那我们就约着早上 8：30 吃早饭见面吧。"

"为什么我们要在上午 11 点约在宾夕法尼亚大道见面呢？"这个强调就意味着提问者想要更换见面地点。你的回复就应该与地点而不是时间有关。

答案中的关键词

2006 年，《麻省理工科技评论》（*MIT Technology Review*）做了一次题为"最佳问答网址是哪家"的分析，确定哪个问答网站中的用户更能给出最准确、最完整的回复。他们要选出的网站中，回复者用到的技巧基本上和我们这本书中谈到的一些技巧一样。这个分析中收集到的数据非常好地展示了关键词如何影响答案的质量。

文章的作者韦德·劳什（Wade Roush）在各种网站都提了同样的两个问题：

（1）为什么摩门教徒定居在犹他州？

（2）制作烤芝士三明治的最佳方法是什么？ [2]

劳什第一个问题的关键词是人物（摩门教徒）和地点（犹他州），第二个问题的关键词是一个形容词（最佳的）和事物（烤芝士三明治）。要给出一个高质量的回复，唯一的方法就是把焦点分别聚焦在犹他州的摩门教徒和最好的烤芝士三明治。很简单对吗？但对有些回答的人来说并不是。

每个问题我们分别用一个好的回复和不好的回复作比

较。好的回复关注关键词，并在答案中包含了信息的多个方面——人物、地点、事物和时间。

（1）"为什么摩门教徒定居在犹他州？"

·好的答案

"教会认为上帝指示约瑟·史密斯（Joseph Smith）的继承人布里格姆·杨（Brigham Young）作为教会的会长，来呼吁摩门教徒组织起来并西迁至美国西部边界外，远离传统美国社会开始他们自己的生活。"

·不好的答案

"约瑟·史密斯叫他们就在犹他州停下来。"

（2）"制作烤芝士三明治的最佳方法是什么？"

·好的答案

"没有'最佳'方法。重点在于芝士。我会用 Colby 牌子或者类似的味比较重的芝士……我女儿会在里面放几片西红柿切片……我呢，喜欢用两片面包片，每片上抹上菲达芝士，把黄色的芝士涂在每一片面包上面，然后再把另一片盖上去。然后好好享受吧，充分利用你的想象。"

·不好的答案

"约翰尼·德普（Johnny Depp）在电影《邦尼和琼》

（*Benny & Joon*）中做烤芝士三明治的方法，在熨衣板上用一个烫熨斗来烤。"

从上面这些不好的答案中我们看出：有时候人们是出于逗趣而非提供信息，给出了一个很轻率的回复。在聚会上这没什么问题，但是我们也听说有人觉得自己的幽默很有魅力，所以在商务会议上也这么做。如果你有机会利用好你对关键词的掌握来回答好问题，那你就这么做吧，想怎么聪明就怎么聪明。但还是把那些愚蠢的幽默留到聚会上吧。

利用好肢体语言

非语言交流包含了全身的肢体动作和声音特点——不是指话语，而是指声音产生的方式——你如何处理私人空间以及你如何使用周边的事物，甚至还包括你通过服装、妆容表现自己的方式以及你在会议室选择坐的位置。

面试官可能会问你一个简单的问题如："你最大的弱点是什么？"但提问的时候提高了音调，歪着头，眯起眼睛并且假笑，这些会让你觉得这个问题可能有陷阱。如果你回复得不好，还不如直接头也不回地出门离开。所以，突然间，一个人的肢体语言让你意识到一个事实：一个简单的问题可能也会比较难回答。你如果能意识到这一点，那你就有很大的优势能给出一个最佳回复，掌控好对话的方向。

解读肢体语言

在解读别人的肢体语言时，要做的第一件事就是要发现这个人在压力很小或者毫无压力的情况下如何说、如何行动。这是这个人的基准线。了解自己肢体语言的首要任务是要充分了解自己的基准线。

第二章中，我们列举过问得好的问题和问得不好的问题的例子，也列出了一些问得好的不相关问题。当你为了了解某个人的基准线而观察某人时，可以用一些不相关的问题来让这个人放松。不管是在职场还是私人场合，如果你能让对方聊一个不需要怎么思考的话题，让他／她处于对话的舒适区，那么你就会看到这个人不再紧张了。

听对方自然状态下的语气、语速和其他声音特点，观察对方的精力状态和动作风格。转换一下，让别人也给你分析一下你肢体语言的基准线。看看即便是在你放松的情况下，你是不是也会说"嗯""呃""啊"这些词？正常情况下你是比较收敛还是精力旺盛？

我们的同事格雷戈里·哈特利（Gregory Hartley），是《肢体语言的艺术》（*The Art of Body Talk*）一书的作者，他是一名荣誉满身的前军队审讯官，后来因其独特的人际交往能力很快转入高级管理岗，他有一个简单的方法帮助人们记住肢体动作的基本类型，他称之为"四大类"：

· 阐述动作穿插在沟通过程中表强调。

· 调控动作帮助掌控对话的顺利进展。

· 屏障动作帮助确定你的个人空间。

· 适应动作是为了自我舒缓的动作。

阐述动作

人们通常会不由自主地使用手和其他肢体部位来强调他们所说的。我们都有使用阐述动作的基准风格。当我们偏离这个风格时，就表明我们的感受发生了变化。不管动作是更明显了还是减弱了，都意味着这个人的情绪状态发生了变化。

　　假设左图捕捉到的是这名女性使用阐述动作的基准方式：即使她的脸上很明显地露出开心和惊喜的表情，但她的双手仍紧紧抱在胸前。相反，右边的照片表现的是该女子偏离了其基准线：她非常兴奋。因为她刚获得梦想的工作，把手挥到空中表示庆祝。

　　现在把刚才的假设反过来：通常这位女子表现力很强，但当她感到紧张时，她就会往内收。所以你需要知道她的基准线，才能确定她精力和表现的哪些变化在提醒你她的状态发生了变化。

　　有时候人们养成了使用某些阐述动作的习惯，不管有多奇怪或多冒犯，这些也都成为这个人的基准。对方做的某个动作有可能是你永远不会或很少会做的动作，但在解读肢体时很重要的一点是要保持客观，只留意对你的观察对象来说是"正常"的行为。

《华盛顿邮报》曾关注过当时总统候选人伯尼·桑德斯（Bernie Sanders）在 2016 年总统竞选的预选阶段频繁有摇手指的动作。这个阐述动作成为他惯用的动作：

> 所有被人警告、提醒、责备、被告知不友好或被轻视过的人都熟悉这一手势。一只手（通常是惯用手）举起来，食指朝天指，手指左右摆动画弧。[3]

这篇文章最后指出：历史上很多政客有一些别人认为很奇怪的招牌动作，但这都是这个人正常的动作——用我们的话说就是这个人的基准线。

调控动作

调控动作是你用来鼓励别人继续说下去或者不想让对方再说的动作和声音。表现积极倾听的姿势和动作可以鼓励对方继续说。而当别人说话时你收紧嘴唇，那你释放的信号就是你不想再继续听下去或者不想再听同样的话了。当你把脸稍微转开，释放的也是同样的信号。

你在忙的时候，很容易释放出让别人缩短解释、避免重复、在说完要说的话后就离开你的办公室或会议室的信号。不管你在公司的级别如何，最好还是避免过多使用这种终止沟通的调控信号。

倾听是影响人类行为的最有力工具之一。

如果说我们从情报行业的优秀人才那里学到了有关情报收集的唯一一个重要信息，那就是人们其实往往喜欢自己滔滔不绝地说——如果他们觉得你也喜欢听他们说，他们就会把自己的心血和智慧都一股脑倾诉给你。推论就是，如果你给了他们足够的关注，哪怕只有那么一瞬间把他们当成重点，让他们真的觉得你在乎，那他们会告诉你所有的事。

看下面的两张照片，问问自己你觉得哪个女人想听你说。这就是积极倾听和不想对话的不同表现。

屏障动作

下图这张照片展示的是不同的屏障动作。这是 1975 年，在波道夫·古德曼（Bergdorf Goodman）公司——位于纽约城第五大道的高级奢侈品零售专卖店——CEO 的办公室。三个关键人物和 CEO 安德鲁·古德曼坐在一起，其中一个人将成为新的 CEO。

　　安德鲁·古德曼的屏障很多，但可能不是因为他需要提高自己的舒适度（使用屏障动作的常见原因）。他使用的屏障是要展示自己的重要身份和距离感：一张大的镀金办公桌、一堆文件、某个奖励、一套笔和一支香烟。他还侧对着办公室里的这几个人。

　　最靠近他左侧的那个人用手臂作为屏障，同时还把腿、头都收了回来。他屏蔽了这个房间里他视线以外的所有人、所有事。如果我们告诉你他最近以操控价格垄断的罪名被指控，你恐怕都不会吃惊。

　　他左侧的人似乎也有一种封闭自己的需要。他没有看着老板，手指也紧握着。

然后还剩一个人毫无屏障。他直接看着老板，肢体语言也很开放，像个见过世面的绅士一样跷着二郎腿，很放松，表现得很自信，这个人就是艾拉·奈马克（Ira Neimark），后来从古德曼手上接手公司，成为新任 CEO。

屏障非常有用，可以帮助你建立个人空间，给你觉得舒适的距离，使你成为那个掌控一切的人。

但另一方面，这些屏障也会减弱你们之间的沟通、吓跑别人，让别人觉得很没礼貌。这些动作也会让你看上去软弱、胆怯——好像你为了能进行对话而不得不隐藏一些东西。

适应动作

这指的是紧张状态下本质上有自我安抚作用的动作，可能是整理仪表的动作，比如衣服上本来可能没有线头还做出拍拍衣服上线头的动作、整理领带，或者摆弄耳环或头发，也可能是玩手指头。

那你的适应动作又是什么呢？玛丽安最近向不同的商务人士问了这个问题，其中一位女性高傲地选出了她的适应动作。但就在她勾选的时候，她又做了一个整理仪容的动作：摆弄项链。玛丽安问她："除了你刚提到的那些外，你觉得你还会有哪些其他的动作吗？"

"没有了，"她很肯定地回答道。她确定她已经全部列举出了。

她周围看着她的人都不禁笑了，而她还没意识到大家到底在笑什么。

文化和语境

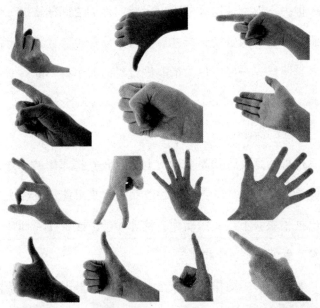

我们看看这一系列手势，每一个都在某种场合很冒犯别人。玛丽安在一所大学把这些手势展示给一群来自不同文化背景的观众看，她任意挑选一位观众，问他们这些手

势中是否有任何一个让他们产生了强烈的负面反应，也请他们解释为什么。有一位观众跳起来喊道："千万不要这么做！"他说的可不是竖中指的动作，而是我们大部分人所表达"okay（好的）"的手势。在希腊、西班牙、巴西和土耳其，这个手势被认为是一个不好的手势。要么很冒犯，要么带有性含义。另一个来自阿拉伯国家的观众表示竖大拇指在他的国家是一个非常粗鲁的手势。其次还有手掌张开，掌心面向别人的动作对希腊人来说也是一个很冒犯的动作。

随着全球化经济的发展，跨文化关系的培训也变得很普遍，所以大家对这种手势差异的意识可能也相对比较高。我们要重点讨论的是文化的一个比较狭隘的定义，以及我们归属的某个文化或某多个文化是如何影响我们使用肢体语言的方式的。这就包括了我们的动作、说话和穿着的方式。

例如，如果你平时生活的背景是在剧院，有一些行为在剧院文化中就很正常；可能夸张的表达方式就很常见。剧场中的人可能会更喜欢成为关注的焦点，然后用一些阐述动作和调控动作来让自己成为焦点。实际上，我们不应该把这种情况仅仅局限于剧场，因为在企业里也有想成为焦点的人，他们也会有这样的行为。

在帮派、政党、跳伞运动员、酗酒、严格的寄宿制学校的孩子们中都有相应的文化。我们要说的是，找到基准线对你来说是一项非常重要的技能；在找基准线的时候，有一点很重要，那就是你不能把你自己的文化作为评价另一个人的行为是否正常的基础；你要关注的是对于那个人来说什么是正常的，而不是对你来说什么是正常的。

在找基准线时还有一个因素影响着你的判断，那就是语境。我们往往容易根据我们自己的经验来解读意义。这很正常，但这种基于自己经验的解读会影响我们对基准线的判断。

　　猩猩宝宝在做什么呢？我们不知道它到底是在吃东西、剔牙、手受伤了在舔舐、还是在做别的什么事，因为我们没有上下文。那再复杂一点来说，我们的推测还是按照人类的思维。在没有关于这只猩猩的其他任何信息的情况下就判断这幅图的意思，反映了对数据的不重视。当你在解读肢体语言时，可能会用上你宝贵的直觉，但在你做结论时，相关的数据应当要发挥一定的作用。

　　声音学

　　声音学是非语言交流研究的一个领域，因为它研究的是话是怎么说出来的，而不是说了什么。音质、强调和一些口水词能体现出一个人是否紧张。如果你是回答问题的人，那么意识到提问过程中出现了紧张或某种程度情绪，就很重要；同样，如果你在回答问题时，发现自己的声音和平常听起来不一样，那么你其实"泄露"了你自己的感受。

　　像音高、语气、语速、音量、刺耳程度等这样的音质特点可能每时每刻会发生不同的变化，反映了说话人在说话时与基准线的偏离。音高往往会在一个人对信息不确定时发生变化。在回答问题时，音高变高是一种潜意识表达不确定的方式。你可能还会加问一句："你相信我，对吗？"

很多人在对答案不确定时也会有改变音量的倾向：有些人会提高音量——仿佛提高音量能显得更权威一点；有些人音量会变小，是希望对方没有听到他们在说什么。

像刺耳程度这样的音质只有在这个人承受着对他来说不正常的压力时才会表现出来。当声带收紧且／或者嗓子很干时，声音听起来就会不一样。可能会听起来很沙哑，喜剧演员琼·里弗斯（Joan Rivers）的声音过去听起来一直是这种感觉，但那是她的一个基准线。再看看其他传递紧张压力的信号，比如眨眼更频繁。如果说嗓子会因为压力变得很干，那眼睛也是一样，因为紧张变得很干，于是会增加眨眼的频率。

本章前面我们也提到了强调对于确定关键词很重要。"为什么我们要在上午 11 点约在宾夕法尼亚大道见面呢？那天下午在那附近很早就开始进行游行会了。"是强调时间。当强调的重点放在地点上，而不是时间上时，表达的意思就又不同了。

口水词的使用对某些人来说也是基准线的一部分。很多人经常使用"好像"这个词。这个词用多了让人觉得很烦、很模糊，也毫无意义。我们中很多人也接受过避免使用口水词的训练，可能最终能成功地不用"嗯""啊""呃"这些词，但我们仍然会发现自己会使用无声的口水词，那就是完全的停顿。我们要注意的是如果这不是这个人的基准线，那么我们需要花时间来弄清楚为什么在对话中会出现空档。

亲近和空间距离

你和某人的远近距离会影响到你们的沟通。同样，你在房间里选择的位置也会对你们的互动产生影响。

假设你和之前就一直合作并且相处比较舒服的顾客正在互动。这个人问你产品的更新问题，而你却发现自己想要保持距离。你可能甚至会短暂地离开房间一会，然后当你回来时，坐的位置比之前远了一点。这就是一个明显的信息表明你不想和对方深入讨论。可能这个问题让你感受到了胁迫感，因为你知道你没法很好地回答这个问题。你的行为就发出了为难的信号，顾客即便是没接受过肢体语言训练，也能感觉出来不对劲。

领域的概念也包含在亲近和空间距离研究的范围内。所以如果你坐在了他喜欢的椅子上（"侵占了他的领域"），哪怕你和你的客户分别坐在房间的两个对角上，对方给你的反应就好像你探身过去侵犯了他的个人空间一样。

你选择坐的位置对于你们的沟通也会产生影响。玛丽安就曾经见过一个中层管理岗的面试候选人大步走进面试的会议室，直接坐在了会议桌的主座上。而公司的总裁觉得那应该是他的座位；所以面试从那一刻开始就一直在走下坡路。

使用肢体语言

我们能给你的基本建议就是尽量保持你自然的风格。如果你想看一些胡乱使用肢体语言的搞笑例子——就是当人们违背自己自然的风格时会给人留下什么印象，你可以上网搜搜"搞笑的肢体语言视频（funny body language videos）"。排名第一的就是《生活大爆炸》（*The Big Bang Theory*）里面谢尔顿·库珀（Sheldon Cooper）学习如何克服他机械化的展示风格。[4]

开放 VS 封闭

肢体语言风格基本分为开放式肢体语言和封闭式肢体语言。开放式肢体语言是释放邀请信号的，暗示你想要分享观点、共享空间，信任对方。封闭式肢体语言传递的是相反的感觉。这几张照片里面的区别就很明显。虽然右边的男士脸上带着笑容，但他是警惕的，把他的公文包放在他和对方中间，同时交叉双腿形成了另一个屏障。

有些人在上公共演讲培训课时学习使用开放式阐述动作。例如，培训中可能会教他们伸手时手掌向上是表示邀请，所以他们就把这个动作放到演讲中。这个动作可以产生不错的效果，但请确保你使用这个动作的方式是和你自然的风格相一致的。

精力水平

你可以选择改变你的精力水平作为建立关系、掌控、缩短会议等的方式。你这么做的时候，也影响了别人理解你的方式。

他们可能会觉得你更具有或更不具有威胁性、更有或更没有能力、更忠于或更不忠于你所做的。问问自己你想要和对方有什么样的结果。如果你想要对方开诚布公地和你对话、坦白某件事，那么你的精力就需要和对方的经历保持同步。例如，你对讨论的话题可能非常有热情，但你的精力却远高于对方，那么你的精力过剩就有可能会阻碍你们双向的对话。

降低推测

就跟我们可能贸然断定图片中的猩猩宝宝到底在做什么一样，我们周围的人也在推测着我们行为的含义以及我们处于什么样的情绪中。在任何推测中，个人经验的过滤在分析中发挥了过多的作用，把分析变成了解读。

你的穿着和行为想要符合你所处的场合或者接触的人，原因是想要对方更多地关注你要说什么的内容上，而不是你的外在着装和行为上。你越是看上去格格不入，对方越容易试图个人解读你所说的和所做的，而不是客观的倾听和观察。

争取时间

有些动作能够在你思考答案时帮你争取时间。头倾斜、手指轻微摆动、眉头一皱——所有这些动作可能都能给你几秒钟的时间来组织更清晰、更全面的回复，而不是想到什么说什么。

练习：关键词和肢体语言

关键词

试着用关键词来帮你记住一些笑话。这是一个很有用、适用于聚会的练习，可以帮助你关注一个句子或问题中最重要的因素。

阅读一遍下面的笑话，然后看你对关键词的关注能否有利于你在几分钟后复述出这个笑话。

有个人正在墓地散步，突然听见《第三交响曲》从后往前倒着放。放完之后，又开始放《第二交响曲》，也是倒着放，然后又放了《第一交响曲》。"怎么回事？"他问一个墓地工作人员。

工作人员回答道："是贝多芬，他在分解。"

103

（这里英文中的 decompose 有两种含义，既可以指尸体分解腐化，也可以指把某个东西分解开来。这个笑话是用双关的手法，既在说墓地里贝多芬的尸体在分解，也说他在拆分他的曲子，和作曲是一个相反的动作，所以曲子在倒着放。你不用觉得这个笑话好不好笑，只用记住就好。）

肢体语言

迪士尼和皮克斯动画为电影《头脑特工队》（*Inside Out*）制作了下面的画面，这张图片现在可以免费下载。这部非常精彩的动画片讲述的是一个 11 岁小女孩的情绪故事。通过这些色彩，你可以看到愤怒是红色、悲伤是蓝色等等，即便是没有色彩，每一个情绪角色的肢体语言也能很清楚地表达他 / 她所代表的情绪。你要做的练习就是看任何一部动画的一个片段，把声音关掉，然后看看它们是如何表现情绪的。

第六章　工作中的谈判陷阱

"他们想了解什么？"

"他们会问什么？"

这两个问题从面试候选人接到面试邀请邮件开始到他们走进公司的大门一直萦绕在他们的脑海里。他们握手，礼貌地回绝喝咖啡，然后笔直地坐在椅子上。他们并没有让自己准备好回答预测的关于自己的问题，反而仍然还在受着这两个一直萦绕在脑海里的问题的折磨。

我们建议改变这种心理准备。面试中会有关注你的能力和性格的问题，但请把面试本身当作一次对话。如果你有促进互动的策略——这里我们正是给你提供这些策略——那么你对问题的回复就开启了对话的大门。

促进互动的策略

把一个标准的问答面试变成对话的策略需要做以下三件事：

· 确定问你的问题是什么类型的问题。

· 答案中加入信息的多个方面。

· 积极倾听。

如果你不是一个特别容易紧张的人，那么实现这三点就容易得多了。第一个小建议就是要减小情绪对你的影响，这样你的心理和思维能力就会上升。

缓解紧张气氛的策略

很多人在面试的时候会进入一种比较轻微的斗争、逃跑或僵硬的状态。不幸的是，这种心理状态会降低你给对方留下好印象的能力。这些心理和状态的变化包括大脑供血不足、血液从大脑流入肌肉保持随时准备好行动、心跳加速——非常讨厌地提醒着你现在很紧张。

在你进入面试前，找一个比较私人的地方，比如洗手间。深呼吸，用最大力气把手臂伸到空中；站直，感受自己尽可能的强大、受自我控制；微笑，保持这种有力量的姿势；休息几秒钟，然后再做一次，直到你觉得你的大脑清醒了，个人力量又重新回到了你的身体里。然后再走进会议室面试。

当你进入面试会议室时帮助你应对紧张情绪的步骤包括：

·有意放缓呼吸。

·做一些身体动作。如果稍微动一下对你有帮助的话，那就走到有饮水机的地方给自己倒杯水。

·如果你已经坐下了，那就命令自己的肌肉放松。放松肩膀、坐直，这样你的脖子能伸展；打开双手，不要握拳；双脚着地。

·你需要把大脑调成分析模式。关注对方的肢体语言。他是不是也比较紧张？他是不是在有意或者无意地做某件事引起你的紧张反应？他是否用了某些语言暗示让你不开心？你现在非常紧张是不是因为这个人的势力对你现在的人生有着很大影响？这里最重要的是要让大脑去思考，而不是感受紧张的情绪。

综上所述，你的策略可以包括：首先从进入面试前做的那些恢复力量的动作开始，可以帮助激发状态的极大改变；然后，用力量感取代软弱感。在面试过程中你可以采用其他行为来帮助你尽可能保持全身的这种力量感。

确定问题的类型

我们在筹备这本书的时候做了一个练习，也推荐给你。如果你也在准备工作面试、媒体采访或其他包含问答的会面，这个练习会尤其有用。

在一天当中，每次当有人问你问题时，你就试着把问题分类。这些问题会和信息的某个具体方面即人物、地点、事物和时间相关。

这个练习乍一看好像很简单。但是问题的语境、提问者的意图以及你自己的目的和优先考虑的事情，这些都会影响问题的分类。问题的类型可能并不像你以为的那么明显，要探索这一点，我们先思考一下面试中常用的 10 个问题：

- 你最大的优势是什么？

- 你最大的弱点是什么？

- 你想要我了解你的什么？

- 你的前领导和前同事是怎么评价你的？

· 为什么我们要聘用你？

· 为什么你想要辞掉现在的工作？（或者为什么你辞掉了上份工作？）

· 为什么你想要这份工作？

· 你上份工作中最大的一次成就是什么？

· 你经历过最大的职业挑战是什么？

· 你最终的职业目标是什么？

你怎么把这些问题分类呢——属于人物、事物、地点还是时间？答案不一定就是这么简单直接，因为这可能取决于你对这份工作需求的目标，也可能取决于工作本身。例如："为什么我们要聘用你？"可能属于任何一类问题：

· 人物类：你想要人力方面的工作。每天都会有员工带着问题和需求来找你，你需要解决他们关心的问题和要求。这份工作的核心要求就是好的人际关系。

· 事物类：你了解到这家公司要招聘的软件工程师需要有你的独特专业知识；那这就是事物使得你比别人更突出，公司更想要你。

· 地点类：这份工作的地点在东南亚，虽然很多人能胜任，但他们不一定都愿意离开美国去东南亚。

·时间类：公司着急招人，正好你又能马上入职。

"你为什么打算辞掉现在的工作？"这个问题的答案也可以很多面。最重要的一点就是要真实可信：

·人物类：你可能是受到招聘公司的企业精神和员工活力的吸引而去应聘的。

·事物类：你已经在上一份工作中发挥出了最大的能力了，希望能有机会为应聘的公司做贡献。

·地点类：你上份工作离家太远，每天的精力被一个半小时的通勤时间给消耗殆尽了。

·时间类：现就职的公司马上就要裁员了，现在是离职的最好时间。

加入信息的多个方面

当你能很轻松地快速识别出问题的类型时，你就应该要开始有意识地在答案中再补充进信息的另外三个方面了。如果你不想在回答问题的当下这么做，那就把问题记在心里，然后回头再想想你本还可以怎么说。

例如，一个典型的面试问题是："你最大的优势是什么?"这本质上是一个"事物"类问题。应聘管理岗的一个常用答案可能是:"我会花很多精力把工作规划好。"这可能是一个不错的回答,但只回答了一个很棒的答案的四分之一。

这里介绍一种方法来全面覆盖信息的四个方面:

一位伟大的经理曾说过:"计划什么都不是;计划也是一切。"那我也会花费很多精力在和我的团队一起做计划上。然后不管我们是一起在办公室还是通电话做计划,我们都分享着一种使命感、共享着时间和方法。

一次性在回答中加入信息的多个方面是一种需要练习的技能。你可能一开始会发现加入"人物"的话题毫不费力,但到"时间"上就出现思维障碍了——或者反过来的情况等。擅长于用一类信息覆盖掉另一类信息很正常,通过提前准备来消除障碍让你不仅能成为一个好的面试候选人,还能成为一个更好的说故事的人。

做这个练习还有另一个方法,就是听新闻或看脱口秀节目,在看的同时思考节目中被采访的人还可以用哪些其他的方法来回答问题。美国国家橄榄球联盟前守门员德里克·多克里(Derrick Dockery)打球10年退役后,加入了众议院议长保罗·瑞恩（Paul Ryan）的团队。福克斯新闻节目主持人克里斯·华莱士（Chris Wallace）和他进行了一次融洽的访谈，华莱士问他："你觉得政治和橄榄球，哪个更难？"

"我生来是打橄榄球的。从球场到国会山的转变很显然是很艰难的转变，但是因为周围有一个很棒的团队帮我，现在变得容易了。"[1]

多克里以这种直接的方式在回答一个"事物"问题的答案中串入了地点（从球场到国会山）、人物（团队）和时间（现在）。

还有一个例子是吉姆如何回答玛丽安提出的问题，后面会有分析。我们假设的岗位是要给公司的技术人员做培训，这些技术人员负责维修公司卖给客户的电子设备。

"你是怎么跟你最近一任上司相处的？"

我最近一任上司是去年刚加入我们的，和他相处的过程就是要和他逐渐合拍的过程。他会聆听我们如何完成我们的工作，然后希望我们展示我们的能力。他想知道我们在办公室是怎么工作的，在和顾客打交道的时候又是怎么工作的。

我非常赞赏他想要了解我们和顾客的互动质量这一点。我给他举例具体说明了我是怎么做的，用后续签下的合同来量化我和顾客互动的成果，然后邀请他加入我和顾客的通话。这巩固了我们的工作关系。

分析：

·这是一个"事物"类问题；面试官想知道你们相处得是"好""没那么好"还是"一般般"。

·这个答案中包含了信息的全部四个方面：

○和这位最近一任上司的互动有多久了；

○工作是在多个地点完成的；

○对这位上司的洞察：他很关心和顾客联系的质量。

·这个答案也加入了一些关键的、相关的"事物"信息，比如：

○你的工作方式带来了后续的合同签订；

○你足够自信邀请上司加入你和顾客的通话中。

·这个答案开头的部分既吸引了面试官也有助于答案的组织。吸引面试官是因为应聘者一开始没有直接回答问题，但有强烈的暗示马上会有一个积极的回答。面试官会期待听到应聘者是怎么和上司合拍的。

·这个答案很简洁，所以尽管有一些细节，但也只花了不到 25 秒钟来回答。

·这个答案按照上面的分段可以分为"我们"和"我"两个部分，这么做的意义在于"我们"的部分体现了我们共享功劳、有着同样的看法，但"我"的部分就是在说："我做到了！"同时"我"的部分也是对所有行为负责——其实也意味着你是有全部功劳的。

你当然可以回答："相处得非常好！"但这个答案就基本上没有给面试官任何有价值的信息，不过是用直截了当的回答浪费了几秒钟的时间，而你本可以多花几秒钟更具体地说清楚。

很多网站列出了一些常用的工作面试问题，并给出了一些最佳答案的建议。我们的答案并不是会和你在这些排名靠前网站上看到的答案相冲突，但我们更关注的是把信息的四个方面都融入进答案中，这种方法是不一样的，能给你更多的优势，理由如下：

·你首先可以确定问题属于哪一类：人物、事物、地点或时间。

·对于每一类回复你都能有一个基本框架。如果你确定了问题是个"事物"问题，那你的大脑会立刻关注如何用人物、地点和时间信息来加强你的答案。（如果某个方面的信息对你的答案没有用，那就直接抛弃。）

·你能给答案赋予你个人的色彩和独特性。串入信息的多个方面往往意味着你需要举例或者说一个简短的故事来表明你的观点。这么做不是说让你简单地口头复述一下你的简历，而是要让你的简历生动起来。

分析了前面四个例子之后，我们现在整体地来看一下在面试中如何将信息的某几个或全部四个方面应用到回复中，从而提供最吸引力的自我陈述。

你最大的优势是什么？

这个问题给人的感觉就是个关于"事物"的问题，因为对方期待的答案是这个工作所要求的某项或某些技能。我们看到的一些推荐的答案在逻辑上也是倾向于关注技能。但我们的逻辑略有点不同。

先退一步，先不说期望的回复，我们思考一下如果这个问题是一个朋友问的，你会怎么说。答案可能会是你好客（人物）、心算的能力（事物）、对不同环境的适应力（地点）、能快速处理信息（时间）。

如何将你真正的、最大的优势运用到你应聘的工作当中呢？如果你能回答出这个问题，那你就能够清晰、真实地回复上述的这个问题。相反，如果你只是把岗位描述的表达放进你的回答中，那就是一个机械的回答："我有很优秀的语言和书面沟通能力及演讲能力。"

其实你可以选择这么回答：

我的优势在于讲故事。不管我是跟别人书面沟通还是口头对话，我的优势就在于能用一个好故事来传达信息。我讲的故事会是相关的，而且会尽量简短。

这样的回复，不会浪费10个词，很好地用了这么简短的回复涵盖了事物、人物和时间3个方面来开启对话。不用多说，不管你给出的是一个"岗位描述"的答案还是一个吸引对方的答案，你都必须做好准备用具体的例子补充。

你最大的弱点是什么？

有个招聘人员想就一个面试候选人问玛丽安的参考意

见："你觉得她最大的弱点是什么？"结果玛丽安回答了这个候选人的优点之一："勤奋。"

"什么？"对方问道。

"当你把公司和团队的需求置于自己的需求之上时，勤奋和可靠就成为了弱点。换句话说，为了把工作做好，她会倾向于给自己施压——有时候会把自己逼得太紧。"

结果候选人获得了这份工作。这个例子说明有时候问弱点也给了你一个可以聊优点的机会。

如果你知道你在上一份工作中有几次开会迟到、提交报告迟到是因为你不知道你的孩子会发生什么事，从公司的角度来看偶尔的拖延可能是你最大的弱点。但这本身并不是一个弱点。

我最大的弱点是我的孩子们。我和我丈夫在时间安排上很认真，但有时候即便是最好的计划也有可能会遇到失控的情况。

时间、语境和人物这些因素支持了你对"最大的弱点"的解释，也就是你会因为孩子的需求耽误。但你在说这个弱点的时候，并没有强调你的拖延，更多地是呈现你的家庭。当然，这样的回复并不是对每一个面试官都奏效；所以说这时候提前研究一下你的面试官会很有帮助。（注意：在面试前一定要上网搜一搜你的面试官的相关情况。）

关于常见的弱点的另外一个例子就是一个基本的行政要求——文书工作。这种情况下，你的弱点也可以说成你的"竞争优势"：你全部精力都放在达成交易上，结果导致你自己的"家务"一团乱。承认缺点可以引出你的成就。

你上一份工作中最大的一个成就是什么？

当玛丽安问吉姆下面这个问题时，他并不知道我们的练习会问什么问题，因此，他也没时间准备。这也是看看我们能否做到我们要你们做的那样。

"你上一份工作中最大的一项成就是什么？"

我最大的成就就是能够实现我从10岁起就一直有的一个梦想——发明。当时公司总裁给我机会和资金，委派我去发明一种叫"电子语言仿真"的设备来帮公司节约成本、提高公司培训能力。

吉姆的回答都加入了信息的四个方面，其中"时间"的部分以更容易让人记住的方式使答案变得更生动更有人情味。

在面试中,当问到你最大的成就时,不要受你申请的岗位的限制。就像吉姆开头就说了一个人生梦想的真实陈述,给了一个真实的回复。如果你觉得你最大的成就是让你的公司赞助了国际公共广播《科学星期五》(*Science Friday*),那你确实得说。这能让人更了解你,并且让两人的交谈有话可聊;也就是说,回复是多维度的,能激发互动而不是引向一个死胡同,对方只能说:"呃,好的,谢谢。"

你为什么想要这份工作?

几年前,吉姆在著名的森林草地墓地公司(像迈克尔·杰克逊、伊丽莎白·泰勒等名人的墓地就在这个墓园)面试过一些应聘全职和兼职销售岗的人。他发现总的来说,那些真的想要但其实并不需要这份工作的人都不成功。那些表现得迫切地需要这份工作的人也很难成功。毫无疑问,吉姆不是唯一一个发现了销售员候选人有这种情况的招聘经理。

这其中的挑战就是要把"需要"融进答案中但听起来

又不那么迫切。这么做的方法就是把信息的四个方面都加入答案中。

TheStreet 资讯网上曾发表了一篇题为"十大高薪销售岗的科技公司"的文章。基本工资加上销售佣金，这些岗位的总年薪为 15 万美元到 19.1 万美元不等 [2]。如果你要应聘这些岗位，很容易看出你为什么想要应聘。但你要怎么表达你需要这份工作呢？这里给你一个参考答案：

我既想要也需要这份工作，因为这是我职业规划的一部分。10 年前，我就规划了我的销售职业生涯的轨迹。我在积累对这个行业的了解的同时，也在发展我的人际交往能力。基于目前我的职业塑造和发展轨迹，这份工作对我来说可以帮助我梦想成真。

积极倾听

积极倾听是和他人建立关系最重要的工具之一。这是让别人和你产生共鸣、分享信息的神奇方法。

积极倾听有三个组成部分：外在表现、智力方面、情感方面。

　　智力方面包括注意听关键词，这些关键词可能通过强调或词的使用频率来体现。例如，你没有军事背景，但面试你的人是一名海军军官。他讨论的是大型舰船（ships），而不是小船（boats）。那你就要说大型舰船，而不是小船。使用关键词表明你的注意力是集中的。

　　有时候关键词能给你很明显的信息。如果面试你的人几次提到休息或者离开一会，那么她其实可能是在想她马上要来的假期，注意力更多的是放在她的假期上，而不是你的面试上。像这样的情况，这个人要么是很爱闲谈，要么就是着急把事情做完。积极倾听能帮助你适时地调整对话的进度。

你的肢体语言——包括说话的语气、音高和语速——能向对方释放你是否在认真听的信号。把注意力集中在和你交谈的对象身上，但不要盯着这个人看。用"照镜子"的方法增强对你们两人关系的感知。这个"照镜子"的方法并不是说模仿，而是把你的身体调整成和对方相似的舒服状态。人们在感觉和另一人有共鸣的时候会很自然地这么做。

积极倾听的情感方面指的是意识到你和对方是处于一次对话交流中，哪怕它被称之为"面试"。表现得正常一点：如果面试你的人表现出某种情绪，那其实是在对等交换，换句话说，就是"物物交换"。你也表现出足够的情绪证明你确实在乎，也很想和对方建立起联系，但私人生活还是要有所保留。我们说的事要积极倾听、表现同理心，而不是要暴露你深处黑暗的秘密或者最大的渴望。

练习：最大的和最终的

如果你目前正经历面试，那么我们建议你用前面说的十个最常见的面试问题来做这个练习。如果你现在只是锻炼你的大脑，为未来的面试做准备，那么我们建议你关注下面这两个问题，然后用脑海中的信息的四个方面来回答：

· 你目前为止最大的职业挑战是什么？

· 你最终的职业目标是什么？

这两个问题都涉及最高级——最大的和最终的——所以两个问题的答案都是要有重大意义的。你最大的职业挑战不能是把办公室从一楼搬到另一楼。

每个问题都可能是主要关注人物、地点、事物或时间。你想要说实话，但你也需要考虑你申请的岗位的特点。如果你想要应聘销售岗，那用"事物"来回答"最大的挑战"

可能没什么问题（"我们的特色产品需要更新"）。但相反，如果你的回答用"人物"（"我们的销售团队里有人非常懒"），那可能就有麻烦了。

　　当有人问你诸如最好或者最糟糕的时刻、上份工作的最高职位等这样的最高级问题时，让你的肢体语言随机应变。不过不要夸张地表达情绪，在谈论某个无与伦比的体验时，用手和面部表情表达就足矣。

第七章 销售场景中的谈判陷阱

《财富金球》（*Golden Balls*）是一档英国竞技节目，最后一轮是要进行谈判。这是一个叫"囚徒困境（Prisoner's Dilemma）"的策略游戏的变形，是为了展示两个原本理性的人如何不愿意彼此合作，哪怕合作看上去对双方都是最有利的。

在《财富金球》节目中，两名选手已经累积了一部分奖金了，但最后需要在写着"平分"的金球和写着"窃取"的金球之间做一个选择。如果两位选手都选择"平分"，那么他们就平分奖金；如果两位选手都选"窃取"，那么他们就什么都拿不到；如果其中一个人选择"平分"，另一个人选择"窃取"，那么选择"窃取"的人将拿走所有的奖金。

两名选手通过谈判以达到双方认为最好的交易。他们用的谈判方法可以分为沉默 / 顺从、保证以及诱导然后改变。

双方都可以用肢体语言和口头语言作为提示。如果选手都接受过肢体语言的训练，他们会给彼此肢体语言暗示。如果他们接受过本书中我们探讨过的回复提示的训练，那么他们也可以给彼此暗示。

玛丽安曾和一个位高权重的高管进行过一次谈判，谈判中她用沉默来获得她想要的。那次她正好刚给这个高管和他的几个同事做过培训，教他们如何通过解读和使用肢体语言来发现对方是否撒谎。她也想利用这次培训的机会来扩展一下后续为他们提供咨询服务的业务，所以当这个高管问她："你能否回来再帮我们的人力资源部筛选一下几个岗位的申请人？"她其实想大喊"可以"，但她选择微笑。

没有收到口头回复，为避免尴尬，这位高管向玛丽安解释为什么她可以帮助他们——基本上是站在她的角度谈判这个交易。

有时候最好的回复就是不用语言回复。

前面提到的三个技巧在《财富金球》节目的最后一轮都以很有意思的方式出现了，这些例子在各种谈判和销售场合都能应用。但在我们探讨这些技巧前，我们先看一下人们怎么处理"囚徒困境"以及掌握"囚徒困境"如何帮助你在商务场合中进行谈判。

囚徒困境

有一部非常优秀的电视剧叫《罪案终结》（*The Closer*），现已完结，剧中就多次用到了"囚徒困境"的策略最终让杀人犯认罪。《罪案终结》以一名审讯员（吉姆也有这个专业背景）为主线，这位审讯员掌握着所有审讯员在和囚犯谈判时会使用的人际关系管理的技巧——向囚犯兜售合作能带来最佳结果的观念。

"囚犯困境"是假设两个人共同犯罪被抓，而且之前可能犯过或没有犯过更严重的罪，警方缺乏足够的证据。两人被分开关押接受审讯，警察试图给他们施压，让他们提供证明有罪的信息，给他们的选项有：

· 如果你揭发另一个人犯了更严重的罪，那你甚至都不用承担较轻罪行的惩罚，也就是说不需要坐牢，而另一个人则需要坐五年牢。

· 如果你不揭发他，他会揭发你，然后你就是坐 5 年牢的那个人，他就不用坐牢。

·你们俩都知道警方手上关于你们罪状的证据都是只能作为旁证，没有直接证据。如果你俩抱团，接受较轻罪状认罪，不证明对方犯了更严重的罪，那你们两人都只要坐牢一年。

·如果你们都背叛了彼此，那你们都要接受更严重罪行的惩罚。

用《财富金球》里的说法，就是：

·平分 — 窃取

·窃取 — 平分

·平分 — 平分

·窃取 — 窃取

计算一下例子中给出的有期徒刑年数，对两名罪犯来说最可预测、最乐观的双赢结果就需要两人合作：两人各坐一年牢。但一旦其中一个人觉得另一个人会保持沉默（也就是选择"平分球"），那么只要他揭发另一个人犯更严重的罪，他就根本不需要坐牢。还有一种可能性就是每个人都会揭发对方——同时希望对方保持沉默。当然，这里不讨论犯罪事实，只聊策略。

在这个策略思考中，很关键的一点就是：只有在无法控制对方的行为时，"囚徒"的最佳选项才是合作。我们想说的是，在某些实际生活中的"囚徒困境"，你是可以控制对方的做法的。

本章末，场景 2 就展示了如何在比赛节目和销售谈判中做到这一点。

"囚徒困境"强迫人们决定集体的利益是否取代个人的利益。但是为什么一个理智的人在自己的利益受到威胁时还要选择合作呢？所以结果就是：他不会愿意合作——除非合作的利益高过了单纯保自己的利益。

在商务谈判中，可能最戏剧化的一个例子是英国石油公司和美国司法部就"深水地平线号"石油泄漏事故的谈判。2010 年 4 月 20 日，英国石油公司的海上钻井平台爆炸，导致 11 人丧生、1300 英里海岸线受到污染，石油泄漏了87 天，一直从马贡多油井泄露到了墨西哥湾。但英国石油公司和美国司法部选择"平分"，各自赢得了一定的价值。美国司法部可以从几十亿美元的和解协议中获得财务资产、从企业的创纪录赔偿款中获得政治资产。英国石油公司则可以获得未来在墨西哥湾和其他美国控制的区域内石油泄漏的特权，其高管也不用坐牢。

一个非常高调、高筹码的"囚徒困境"游戏决定了50%~70%的股票是如何在美国进行交易的。根据作家安德鲁·佐利（Andrew Zolli）在《恢复力：面对突如其来的挫折，你该如何应对？》（*Resilience: Why Things Bounce Back*）中的说法，这些交易不是基于人类决策而执行的，而是基于一种"以超出我们理解的速度、频率和规模运行"[1]的算法。在几秒钟——或不到几秒钟内，某人或某个产品就能挣到几百万美元。

贾德·阿布姆拉德（Jad Abumrad）主持了一档关注这个现象的电台节目，他发现在20世纪末，需要花11~12秒的时间来完成一次股票交易，因为当时是人在控制交易过程。股票市场的一个基本定律是"最快的人往往是最后的赢家"[2]，所以交易商越来越依赖于信息的传递速度。他们没法控制这个速度，所以电脑和数学成了执行交易的主要工具。这个"囚徒困境"高筹码游戏就从这个时候开始成形。

电脑在物理位置上就与交易平台很靠近，这就产生了很大的意义。你离有股市信息的电脑越近，你就能越快获取数据，完成一桩明智的交易。然后掌控交易所和通往交易所渠道的人就提高了筹码：给我们支付足够的费用，你们也能打入内部。

人人都想"窃取"。

2006 年，"内部"变成了一个 20000 平方英尺的空间，来容纳交易商的电脑。这些电脑做出的"决策"马上传输到邻近的房间来决定是买进还是卖出。注意了：每台这样的电脑的电线是严格的统一长度，这样避免了任何一台电脑因传输速度的优势而超过另一台。

人人被迫"平分"。

阿布姆拉德继续说："你会觉得，既然所有的机器都能进入到交易内部——就是在交易所里面——那么比的不再是速度了，对吗？不是的，其实情况更糟糕了。"[3]

在 13 个受监管的交易所和一些非公开市场中——总共大概有 60 个——仍然存在着速度竞争。2018 年的交易估算大概以 8 毫秒的速度在增加，而且可能在你翻开这一页书的时候这个速度又变了。阿布姆拉德问道："我们现在够快了吗？可以停下来了吗？"高频率交易公司 Tradeworx 的 CEO 马努基·纳朗（Manoj Narang）当时是这么回答的：

我们很想停止这场"军备竞赛"。这场"军备竞赛"极大地消耗了资源……但我们不打算休战，因为在竞赛理论中有一种叫"囚徒困境"的东西。[4]

我们把讨论转向一个更常见的商务挑战上，这是两家地方餐厅在广告宣传上的"肉搏战"。这两家餐厅是一个小度假区主要的两家高端餐厅。他们提供的菜品和服务基本上一样。两家餐厅的主厨都从美国烹饪学院（Culinary Institute of America）毕业，声誉也很好。他们的烹饪、价格和菜品呈现方式在各个层面上都是可以相互媲美的。

决定：一致同意根本不做广告、一致同意都做广告、不达成一致各自看着办。记得前面说过的"囚徒困境"，我们看看会是什么样的情况：

·两家餐厅同意都不做广告。纯粹是巧合，包括本地居民和外地游客在内的目标群体，每个餐厅的顾客各占一半。

o 每周，每家餐厅各挣 5000 美元。

·两家餐厅一致同意做广告。同样，两家餐厅挣得还是一样多，但在广告费上各自花了 1000 美元 / 周。

o 每周，每家餐厅各自挣得 4000 美元。

·两家餐厅没有达成一致。其中一家做广告并获得了 80% 的市场份额。

o 每周收入为 8000 美元，但花了 1000 美元做广告，所以每周收入是 7000 美元。

　· 不做广告的餐厅没有广告费的支出，只获得了 20%
的市场份额。

　o 不做广告的每周只挣了 2000 美元。

　理想的情况是双方都不做广告，但两家餐厅都知道做
广告总会给他们带来更多的收入。他们都有和对方谈谈一
致做点什么的动机，但又没有劝说彼此的义务。不像囚犯，
他们有相互沟通的优势，能通过彼此建立关系获得最佳结果。

　这也正是《财富金球》节目中希望选手们做的。但我
们一次又一次地看到两个人或两家公司在有机会赢得大奖
时就不会选择合作。

　我们看到的就是一个矛盾。人们在自私地关注自身利
益时，往往会愿意伤害自己。

　不管你身处哪个行业，想一想在什么情况下你或你的
上级主管被要求选择"平分"或"窃取"。

"财富金球" 游戏的实际运用

　下面这一节中描述了三个场景，每个场景都用了前面

列举的技巧的不同组合来达成最好的结果。在此之前，我们先对以下场景中使用到的技巧进行一下定义：

· "沉默/顺从"指的是这个人保持缄默、说得很少或什么都没说，而且可以看得出他赞同另一个人。

· "保证"指的是这个人明确地表达了一个立场并对此保证。

· "诱导然后改变"指的是在强烈地建议了一种行为后又改变路径。（不要和广告宣传中的"诱购"方法混淆起来，那个是要用低价商品引诱顾客进店然后努力让他们买更高价格的商品。）

在每个场景后面，我们会举例子看如何把这些技巧运用到工作场合中——以及你如何使用肢体语言和口头提示来建立你的优势。在你阅读这些例子的时候，也想一想你自己的例子——那些你自己亲身经历过的，或者在你工作中可能会发生的。

《财富金球》场景 1

一位男选手和一位女选手共累积了 100150 英镑的奖金，当被告知奖金有多高时，两人都用肢体语言表达了自己的情绪。男人立刻就说这是一个很容易做的决定；他看起来很自信也很顺从：他会选择"平分"，观众也都在他最后亮出他选择的球之前就已经知道答案了。

男选手清楚地流露出他想做什么，让女选手来决定最后的结果。和她的竞争对手不一样的是，这位女选手一开始保持沉默，最后说了让他最后真心实意确定想平分奖金的话。她甜甜地说："如果我窃取了这笔钱，认识我的每一个人应该都会被我恶心到。"她一直看着对手说："请。"男选手一直在碎碎念，发誓他会选择平分奖金。她对对手说出了"你保证"。他毫不犹豫地说道："我会选择平分。"

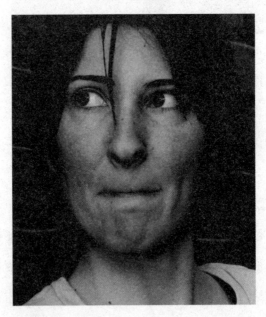

这时女选手紧闭了嘴——这个动作往往意味着这个人在隐藏着什么。她把目光从对手身上移开，看向了主持人。你现在已经接受过肢体语言的训练了，能看出来像图片中这样的表情是在告诉你不要相信她嘴里说出的话！

当主持人要求他们拿起自己选择的球时，他拿起了"平分"球，她看着主持人，然后拿起了"窃取"球。

他的技巧是"保证"。她的技巧是先"沉默／顺从"，然后变成"诱导然后改变"。

女选手有一种背叛感，哪怕是最后的胜利也不足以抵消这种背叛感。她的嘴唇再次紧闭，放松了一秒后，又在她看向主持人时紧闭了，完全不理会此刻正抓狂的对手。然后她完全从比赛台上转身，背对主持人和对手。好像这一切还不足以表达她的感受，她用手捂住了嘴。

女选手在后来的采访中承认她这么做是为了报复，因为节目刚开始的时候对方对她做了不好的事。所以她深感要违背自己的本性，但她的动机不是贪图奖金。

应用

如果像这样的事发生在工作场合中，那么"赢家"可能会深受愧疚的折磨，她会表达悔恨，可能以后和同事打交道时会表现得更坦诚友善。而在竞赛节目中，比赛赢了就结束了，后续也不会和这个人打交道了。

如果你考虑一般情况下的这种互动，这样的故事在工作场合也比较常见。这可能会发生在一个努力创新的小团队里，比如准备营销促销活动，每个人都认同这是"我们"共同的努力，团队成员中有着充分的沟通谈判。如果客户正好也看到了谈判的过程，得出的促销活动看上去让他很兴奋。突然，团队中一个很有野心的成员泄露出一个信号，感觉她想把这个变成一个"我"的个人努力，她计划使用她的"窃取"球。

为了在发生这种情况前获得对话的掌控权，首先你需要发现你的队友有打算"窃取"的肢体语言和口头线索。这些肢体语言和口头线索包括：

·逃避动作，例如那名女选手用的——目光从团队移开，关注客户，抿着嘴唇，把椅子推回或走开几步来远离团队其他人。

·在对话中用词从"我们"变成了"我"。

·强调宣传中更多确实属于"我"而不是"我们"的内容。

在你看出了这些信号后，你就可以采取行动了。

·问客户一个能把注意力拉回到你们和 / 或团队其他人身上的问题。例如，如果这个试图"窃取"的队友主要是在讲宣传中的视觉因素，那你的问题就要把注意力拉到宣传文案上来。

·仔细听回复中能让你继续关注团队努力的关键词。例如，如果客户对于文案有一些疑惑，那么你就可以问几个很好的叙述性问题让对方的注意力继续保持在这上面：

o 如何能做得更好？

o 你想传达一个什么样的信息？

o 这个文案在你看来还有哪里不够好？

o 成功的地方在哪里？

·让你的肢体语言很吸引人。

o 不管你是在分享成功的功劳还是接受没做好的责备，使用"我们"。

o 和客户保持眼神交流。

o 确保你没有坐立不安或者使用任何屏障。保持开放和冷静。

o 指向某些能和顾客建立一个共同焦点的事物，比如黑板或幻灯片。

在这样一种队友"耍流氓"的情况下，强制执行"平分"、对抗"窃取"的第一步就是察觉到你们的工作价值会因此而受损害。这可以带你走上控制对话的道路。

《财富金球》情景2

从谈判的一开始，其中一个选手就在假笑。他的嘴唇紧闭，散发出自我满足的感觉。他可能还释放出一个信号："我是有计划的！"另一个选手一开始表现得相对较高冷，但后来开始表现得很紧张。他转动着转椅，盯着面前的金球，拉着自己的耳垂。

心里有计划的男人挑起眉毛，告诉竞争对手：相信他，他会选择"窃取"球的。

竞争对手简直不敢相信他刚刚听到了，说道："什么？！"

接下来，那位叫尼克的假笑的选手，给桌子对面的对手指示："我希望你选平分，而且我向你保证，我之后会和你平分奖金的。"

另一个选手不相信。他重述了他所理解的对方提出的交易：在节目结束后，节目组会和尼克结算，尼克自愿把另一半奖金给他。他不相信，提议双方都选择"平分"的逻辑，但尼克很固执：不选平分，会选择窃取。

这个策略真的很妙——我们来看看为什么这个策略奏效了：

尼克通过说他会选择"窃取"，就占领了主导地位。如果他遵守他所说的选择"窃取"，那另外一个人不会愿意选择"窃取"，因为这样双方都会输。但如果这个人选了"平分"，那么他（在节目结束后）还是有机会按照尼克承诺的拿到一半的奖金。如果他选择了"平分"，尼克又改变了主意选择了"平分"，那他最后肯定会拿到一半的钱。这样尼克的选手就成了笼中之鸟。

当对手意识到他陷入一个可能不会赢的境地时，这个人就变得情绪化了，向尼克保证他会选择"平分"。记住，情绪会削弱一个人使用所有认知的能力。他在吞噬自己的谈判能力。尼克进一步巩固了他的立场。

最后，尼克也同样选择了"平分"，让对手大吃一惊，尼克欢快地摩拳擦掌。他这个"诱导然后改变"的计划成功了。怎么会不成功呢？这个人可是了解"囚徒困境"这个秘诀的。

应用

这种情况的幕后故事对我们是很有帮助的，因为可以让我们看到谈判中准备工作的重要性。尼克是最后的赢家，他在英国参加过好几个竞赛节目。他还用他在电视节目中赢得的钱资助了一个慈善机构。他是带着策略参加比赛的，知道如何对竞争对手做出迅速判断，确认他准备的策略是否可行，有了这些准备，他知道他最后会赢得一半的奖金。

吉姆之前是一名审讯军官和审讯导师，比大多数人更熟悉"囚徒困境"的原理。他每次要谈判前都进行了好几年的准备工作。像尼克一样，吉姆曾利用突袭的方法在和汽车销售员的谈判中占得了上风，用他的话来说最终达成了双赢的局面。

吉姆很清楚，相比现在放在自家车库里的跑车来说，他现在想买一辆更实用、更适合家庭的汽车。于是他走进经销店，径直走向一位销售员。

"我能帮你什么吗？"销售员问道。

在销售员还没意识到的情况下，吉姆的回复就开始启动谈判："我想和你做一笔交易。"

处于这样一个销售岗位的人可能一开始只预想到顾客会说："我也许会和你做成一笔生意"或者"我现在先看看"。但他没有意料到顾客会跟他说他打算做成一笔交易。

销售员没有把吉姆的话当真。他给出了一个 12500 美元的价格来回购那辆跑车，但没有白纸黑字记录下来。吉姆感谢了他，然后告诉销售员他会过几周回来完成交易。

两周后，吉姆又回到经销商找到了这个销售员，他说："我今天是来做交易的。"这个销售员记得他，但不记得他们到底具体聊过什么了。

吉姆说道："那么我们先从 15000 美元的折价回收跑车说起……"

从那个销售员发出的"嗯""啊""呃"就可以看出他并不记得他之前是不是真的给出了这么高的价格。他感觉到压力、有种被围剿的感觉——就像《财富金球》比赛中尼克的对手一样。

吉姆达成了交易,是的,以对他有利的价格——不过销售员也因为卖出一辆大型家庭用车而获得了一笔不错的销售佣金。

吉姆解读了这个销售员释放出的信号。他看到了紧张的动作,正如尼克注意到了他的对手拉耳垂的动作一样。即便没有听到说话或者语气,这样的动作也能表明这个人有某种情绪——我们之前也说过,情绪会削弱你的认知能力。当另一个人比较脆弱的时候,正是最后达成交易的时候。

《财富金球》情境3

你可能会想有没有比情境2更贴近我们生活一点的例子呢,因为情境2中一方很明显地操控了结果。在情境3中,我们看到比赛的利益和风险都很小,表面上看似没有人会关心结果。事实上,有些人不管利益有多小,几乎永远都在关心利益。在这种情况中,可能两位选手的真实本质就浮出水面了,从这样的情况中我们也会有所收获。

主持人宣布这是在他的经验中《财富金球》选手最不走运的几轮比赛之一：选手们争夺的奖金只有 2.85 英镑（4美元）。现场观众都疯了，他们都知道这将是一场关乎人的行为而非奖金的比赛了。

男选手选择了"平分"，女选手选择了"窃取"，对于女选手的这个选择主持人说："你是出于恶意故意这么做的。"她表示赞同，她承认无论如何她都会选择"窃取"，

他也承认他不管怎样都会选"平分"。就像图片中的女选手，她的面部表情表明她心中早已有了计划，而且会一直坚持这个计划。她没有表现出任何关心比赛结果的迹象，男选手则相反，他的表情中有一种嬉笑的善意。

应用

要看情境 3 如何应用到工作场合中，我们需要回答一个问题："如果是一个更大的奖，他们会选择同样的做法吗？"我们没法得到肯定的答案，但他们的行为表现了某种趋向。

我们推测这个情景中的女选手有一种与生俱来的好胜的心理需求，而男选手不喜欢冲突，有和别人友好相处的天生需求。女选手比男选手更能忍受风险，更容易离开舒适区。

和情景 1 中出于"报复"而选择"窃取"的女选手不一样，这位女选手可能不管利益如何，都会这么选。能用冒险的策略胜出，这种成就感让她很快乐。

她如果在你的销售团队，可能会是不介意使用"利用担忧来销售"的人，"利用担忧来销售"是吉姆·麦考密克在《肢体语言销售秘诀》一书中写到的技巧。也就是说，如果她觉得潜在顾客情感比较脆弱时，她就会利用这种脆弱来把产品成功销售出去。

练习：三种技巧的对话运用

A：用前面三个技巧来组织你对一个问题的回复。

你最大的客户说他想和你们公司终止合同。他问："你们还能为我做些什么？"

试着用三种不同的方式来回复：保证、沉默 / 顺从、"诱导然后改变"。比如，如果你采用沉默 / 顺从策略，可以这么开始，"这个月暂时没什么更多的服务了。"停顿一下再说，"下个月如何？"

B：识别三种技巧中说出来的和没说出来的话。

看几个广告或者任何一种节目——比赛节目、电视剧、戏剧或新闻栏目——注意人们在说服彼此时使用的技巧。

·当你在做一个关于"我"而不是"我们"的陈述时，"保证"是一种更有力的技巧。这也是为什么一家公司的 CEO 会出现在他为某产品或服务承担个人责任的广告中。一个经典的例子就是弗兰克·珀杜（Frank Perdue）——"一个知道怎么做嫩鸡肉的硬汉",他从 20 世纪 70 年代开始就接了 200 多个广告。[5] 珀杜在每支广告中都押上了自己的诚信,强调了他和这些鸡肉的关系:

我个人对鸡肉的评级中把 30% 的政府评为 A 级的鸡肉排除了。这也是为什么坚持选用有我的名字担保的鸡肉是很值得的。如果你对买下的鸡肉完全不满意,给我写信,我会把钱退给你。[6]

· "保证"的肢体语言可能非常开放且吸引人或者坚定且从容。

o 开放的肢体语言邀请你进入这个人的空间,给人共享脆弱的感觉。

o 坚定且从容的肢体语言可能包括手握拳放在桌子上表示强调,加上 / 或者极力地点头,这都表明确定和决心。

· "沉默 / 顺从"策略是把说话的机会交给对方。《今日心理学》(*Psychology Today*)中一篇文章提出:

沉默就像一个骗局。不管你做什么,你的行为都会泄露你是如何解读对方的沉默的,然后突然,对方可以改变他们的解释……他们的这个骗局就和"我现在在想一到十之间的一个数"一样,不管你猜哪个数,他们都可以说其实他们想的是另一个数。[7]

换句话说，沉默可以是用于"诱导然后改变"技巧中的一个很好的策略，就跟情境1中的选手用的方法一样。

·沉默/顺从的肢体语言是一种沉着、积极倾听的姿态，进一步邀请对方说。身体倾向对方表示正在认真听，在什么也不说的情况下向对方传递出"跟我说说吧"的信号。

·"诱导然后改变"一开始往往比较煽动对方的情绪。尼克宣布他会选择"窃取"让对方很吃惊。他的目标是在语言上就要弄晕对方，评估形势，然后决定采取不同行动方向的合适时机。这是一个做好了充分准备的人所使用的技巧，一个带着计划实现明确目标的人所使用的技巧。

·一个实行"诱导然后改变"的人的肢体语言需要是开放和吸引人的。你必须看上去可信度很高，否则的话对方哪怕稍微擅于观察一点，计划就实施不了。而另一方面，理想的状况是对方的肢体语言会表现出脆弱和某种程度的压力。

第八章　会议中的谈判陷阱

　　提前安排好的会议让你有可以口头和书面回复的优势，而工作面试、谈判、销售和社交通常就没有这种优势。会议让你有机会可以根据议程准备好发言，也让你有机会以一种高效、有效的方式做准确的笔记。你应该知道谁会向你提问、这些问题可能要解决什么问题。

　　在任何场合，当你"知道"的比"不知道"的要多时，那你就算是做好了充分准备来运用你的技巧掌控对话。提醒一点，这并不意味着就是你一个人说。事实上，这往往意味着你大部分时间是要听，然后选择适当的时候插入表述非常好的回复。绝对不要低估认真倾听的力量！（还要注意第五章中关于关键词和肢体语言信号的建议。）

　　在大部分情况下，当你参与到一个商务会议中，你没有借口可以给出逊色的回复，也没有借口提交不那么好的会议报告——只要你提前了解会议内容，你都应当给出最

优秀的回复和报告。我们在这一章后面部分会讨论可怕的
"临时"会议。

会议的本质

理论上，会议的目的是作为一个协作的工具，是多方
参与投入来完成某件事的过程。会议的意义在于要解决某
一个或某一些问题：也就是会议的内容。不管是面对面的
会议还是视频或电话会议，如果这些人不知道如何管理这
个过程，那么不管会议内容有多么重要，会议都可能是在
浪费时间。传输媒介或者远程会议平台可以让人不用大老
远飞到会场开会，但这并不意味着就一定是高效的。事实上，
如果同一批人坐在同一个会议室里都无法推进实现一个共
同的目标，那么在远程电子会议中，他们很有可能会更难
集中注意力，效率会更低。

首先，我们会关注如何用问得好的提问和回复技巧来
保证你说的内容不偏离会议主题，然后我们会讨论如何用
你的回复和肢体语言支持一个值得花时间的过程。

会议内容

相对而言,管理会议内容是会议管理中最简单的部分。现在,你手中和脑海中掌握着信息,再结合你在会上了解到的,你是有潜力获得对话的掌控权的。

我们来看一个没有管理好会议内容而后又如何扭转局势的真实例子。托马斯连续 13 年都会参加他们技术标准组织的季度会。这在他的同行中是创纪录的,这些人都是来自不同电机工程领域的专家。会议室每次布置得都一样——几个长桌摆成一个大的 U 型。托马斯总是坐在桌子的最左端。鉴于会议室每次布置得都一样,这让托马斯总是坐得离后门最近、离组织主席多娜——外号"终身主席"——最远,他和主席关系不太好。

多娜就正在研究的某个标准问托马斯一个问题,这个问题也问过了别的与会代表:"这个标准咱们说到哪里了?"即使托马斯知道他不是要回答一个实际的"地点"问题,但托马斯通常会回答"死胡同"或者"不知道哪里的地方"。多娜就会翻白眼,每次托马斯用很简单的答案回答时,她就开始不停地追问他:"评论时段还要多久结束?""你收到了多少评论?""有多少评论是负面的?""他们都说了什么？""还有哪些公司参加了？"等等。

多娜没有掌握好提问的技巧，而托马斯甚至都还没有形成回答技巧的意识。结果，他就被多娜纠缠了。因为工作需求，他必须参加这个组织，所以一年四次，他根本就躲不开她。

没有人会乐观地觉得多娜和托马斯会有一天彼此友好相处，但有一个顾问可以列出一些规定，能让他们的沟通不那么针锋相对、更关注内容而不是个人恩怨。对多娜来说要改变，那就要在提问托马斯的时候重新组织问题。而托马斯则需要更关注他的笔记本电脑屏幕上的四个窗口。

多娜学着这么问问题："托马斯，自从上次开会以来，技术标准都有了哪些进展？"关键词"进展"立刻表明她需要的是一个陈述性的回答。

托马斯也学会了看向他的笔记本电脑，不再是油腔滑调地回答，而是说："让我看看我的笔记。"这么做就像是给会议按了一下暂停键，然后让托马斯成为了会议的焦点。这种情况不会出现托马斯机关枪似的往外蹦答案，而是让他有一个明确的环节可以条理清楚地呈现他的答案。

到现在你可能已经猜到，所谓的四个窗口指的是信息的四个方面。这种方法对像托马斯这样不太习惯处理人际关系的技术人员来说可能是可以改变一生的。这种四个窗口的方法帮助他整理好自己的思绪，给出一个完整的回复。他可以顺畅地从一个关于例如会议、评论、修订等"事物"性的回复转到提供"人物"方面的信息——谁参加了、谁为修订提供了帮助等等。然后，他还提到了会议地点，指出哪些企业非常致力于标准的执行，甚至愿意主办工作会议。他最后给出一个进展的时间线，并预计了完成的时间。

　　像这种发言场合之前的准备阶段也可以将信息四个方面的方法运用到做笔记上。这也是吉姆教给学生审讯和执法的内容，这些学生最后会分别和战俘或被指控犯罪的人面对面交谈。这些领域的专业人士必须要知道当他们走出会议室时，他们能够交出一份很好的笔记给那些要依据这些笔记采取行动的人。和一般的会议纪要一样按顺序记笔记的方法没法让他们做到这一点。这种一般会议纪要的记录方法对那些必须关注对话内容和结果的人来说没有什么帮助。

　　吉姆认为这种直线型笔记是如同《圣经》一样的宝典式笔记法：当你后来需要参考这些笔记来做一份有价值的

报告时，你就得进入一个耗时的"寻找然后你就能发现"（马太福音 7:7）的过程。为了让自己做好最充分的准备、能够为会议提供有用的内容，那就不要在有人发言和有所发现时做记录。把你获得的这些信息分割成信息的四个方面——正如一个好的审讯员就是这么做的。

人物	地点	事物	时间

过程

当你进入一个会议时，把自己想象成一个人事经理。尤其是像多娜这样的角色——对过程起着领导作用的推动者——就必须对诸如团队活力、空间关系和预期成果有很好的把握。如果在会议室内的其他人能意识到这一点，也是大有裨益的，即使你不是那个协调推动的人，你也能帮忙确保不是某一个人在主导整个对话，而是所有人都参与进来，从而加强会议过程。

没有一个好的过程来支持你对会议内容的贡献的话，哪怕是最恰到好处的回复也可能被某些人忽视，只有部分人听见。你努力提高自己的内容的质量，想要获得大家的注意，力求达到你预想的结果，那么你需要好的会议过程才能实现这一点。

马丁·墨菲(Martin Murphy)是量子会议的主席,著有《别再开毫无意义的会议》(*No More Pointless Meetings*)一书,他给一些位于美国的大公司提出了一些关于会议的建议。对于关心会议过程的人,他也提供了一些问题让大家进行头脑风暴,看看哪些因素可能会导致他们的会议跑偏。如果多娜要了解这些问题的话,她可以在她的会议记录秘书的帮助下做,秘书可以先胡乱记录一下以下内容——之后再从正式的会议纪要上删掉:

· 哪些人大声说话?

· 谁说得最多?

· 谁很明显没有在听?

· 谁没有参与进来?

· 会议室里有多少人?

· 参加会议的都是谁?

· 这次安排的会议持续了多久?

· 会议事项是否都完成了?[1]

墨菲的问题涉及信息四个方面中的三个方面。在这个清单中,我们想补充上对地点的考虑,这一点也很重要:

会议在哪里召开，是怎么布置的？这就是非语言沟通的一个方面，也叫"空间关系学"。第五章中关于亲近和空间的讨论就介绍了这个概念的重要性，不过我们在这部分的内容里更详细地探讨一下。空间关系学是一个探索人与人之间觉得必要的空间距离大小的学科领域。如果人们觉得自己的边界受到了侵犯，就会觉得不舒服、可能变得防范起来，会深感需要使用屏障来建立距离。屏障可以是一些身体的动作，如从某人那边侧过身，或在两人之间放一台笔记本电脑。但当没有明显的身体屏障可选择时，那可能用到语言屏障，例如避开问题——用回复来当屏障。

再回过头来看一开始对托马斯以及在 U 型会议桌上他选择的位置的描述：他坐在桌子尾部，离会议室后门最近。坐在一个本来是容纳四个人的八英尺长的桌子上。这种贴近的距离让他觉得不舒服，所以靠近角落给他一种有更多空间的感觉；靠近门让他觉得更舒服一点。

对于一个没有这么强烈的私人空间需求的人来说，这可能听起来有点过度分析了。但对托马斯而言，这很重要。如果别人离他这么近，就仿佛是把他丢进了游乐园的碰碰车上。他不想离大家这么近，他感觉他的同事们在侵蚀他的个人空间。托马斯的需求体现在他的应激反应上，不是有意识的，这种需求应当对那个会议室的每个人都同样重要。大部分人并不介意挤在一起，有些人却很介意，他们的处理方式就是时不时地离开会议室，走到茶歇桌前，拿个甜甜圈，喝杯咖啡，或者干脆把椅子从桌子前拉开，呼吸点新鲜空气。

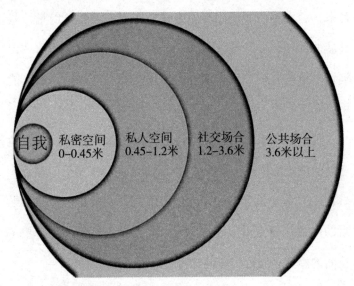

会议过程的质量受空间配置的影响。上面这个图表显示了人们认为在不同场合中通常可以接受的距离。

在策划会议的时候，需要考虑人们对个人空间的需求不同，这才是明智的，所以要调整好会议桌，包括在桌前和桌后空出空间来，让人们能够建立他们自己的个人领域。

对视频会议来说，离摄像头的距离、灯光和背景的设定都有助于在你和视频对面那个人之间建立一种舒适的距离。吉姆会从背后给他的电脑屏幕照明，来柔化视频画面里的光线，也在他和摄像头之间留有一定的距离，让自己位于一个比较整洁、不会分散注意力的背景中。因为他有为网飞公司（Netflix）和美国国土安全部等机构提供视频工作的经验，所以他知道应该怎么做。

另一个是与会议过程有关的要考虑的事——集中精力把自己当成人事经理——就是运用第八章中讲到的心理学技巧。回顾一下，也补充一点，审讯员会用一些他们称之为"方法"的操纵技巧来让囚犯开口跟他们说话。这些技巧已经经过多年的验证并且编写成文。换而言之，它们可以很有效地让人提供信息，这种效果已经多次经过时间的检验。

这些技巧在会议中对你的价值和在审讯中的价值基本上是一样的。这是审讯员用来鼓励犯人聊审讯员认为重要的话题的心理技巧。这些技巧也能有利于保证会议过程的质量，获得所需的内容，让会议有价值。我们在第八章中挑选了这些技巧中的其中两个——激发好奇心和使用激励措施——再另外加两条：舒缓恐惧、表明确定性。

激发好奇心

激发参会人员的好奇心可以提高会议的活力和能量，让每个人的注意力都放在同一件事上。用某件能让大家兴奋起来的事来开启会议，可以为会议定一个基调和节奏。

学习好莱坞用电影精彩片段做预告来吸引观众的策略。你的"预告片"可以是："从我们所签的新合同来看，这是一个不同凡响的季度！问我一些问题，你会发现到底有多不同凡响！"

还有一种方法是按兴趣递减的顺序来组织你的回复，有人问你："刚刚过去的这个季度签署的合同情况如何？"你可以回复：

在过去3个月里，我们3个销售员和一名工程师组织的团队变戏法似的，签下了18份合同，为公司创造了季度销量历史最高。

在激发好奇心时，你可能需要学习P.T. 巴纳姆（P.T.

Barnum，19世纪美国巡回演出团和马戏团老板，喜欢大做宣传、夸大其词，甚至编造虚假人物来吸引好奇和容易上当的观众，他早期宣传打造的"明星"包括假斐济美人鱼以及编造身高25英寸的"汤姆·拇指将军"）。我们不是说要你带一个假美人鱼去会场，当然如果你真的认识一个25英寸（约0.64米）高的人，就带他去吧。

使用激励措施

　　会议组织者最常用的激励措施是零食，因为"有好吃的就能交到朋友"。但缺点是这样会导致我们很多人来开会就期待着有零食，所以零食结果没有成为激励，倒成了人们期盼的补充糖分的来源——只是一个在会议中临时离开起身走向会议室另一头的理由。

　　在会议开头或者结束时安排发言嘉宾也可以是一种有目的的激励措施。这也是基于"激发好奇心"的方法，因为开会的人会想要知道为什么会邀请这位嘉宾发言，她能给我们讲些什么。如果发言嘉宾是做会计的安娜，那么你只要确保安娜有实力证明她可以把财务表格做得非常好就行。

还有一种激励的方法很简单，就是组织好你的会议。如果来开会的人知道你不会跳过原本安排好的茶歇、也不会占用午饭时间，那么他们还是有动力在会议室里保持精力集中，充分参与到会议中。"玩具男孩"克里斯托弗·伯恩在他的书《有趣的商业》（*Funny Business*）中提醒大家注意会议时间不要过长，他指出："回想一下你上学的时候，当体育课或者休息时间被取消时，大家的情绪有多低落。"[2]

缓解恐惧

帮助会上某个人缓解或者消除恐惧，有利于保持参会人员的精力、避免大部分人注意力分散。例如，如果会议议程要求某人对一个出了问题的项目进行汇报，那么依照具体情况，你可能需要找到一种方法来让这个人放松一点。如果你决定这么做的话，那么在一开始就告诉这个人你打算怎么做。否则的话，让他坐在会议室里心跳加速、大脑空白，他是无法参与到合作过程中的；他会过于关注自己，沉浸在自己的情绪中，根本无法成为团队中充分发挥作用的一员。

表明确定性

这是基于审讯员所说的"我们知道一切"的方法。这种方法就是要让你提问或者邀请对话的对象觉得你对你所问的话题是有确定的把握的，所以他应当坦率全面地交代，不管他遗漏了什么内容，理论上你都能给他补上。

如果用到审讯上，这个方法就是要让囚犯相信你已经知道他的团伙的聚集点和规模了，所以他最好是和你聊聊这个问题。如果是在会议中，这个方法可能就是用来进一步鼓励某人提供一个更完整的回答。

用类似点头这样的调控动作和其他一些积极倾听的动作，能够进一步鼓励对方继续说下去。

临时会议

当老板发出紧急信号，把每个人叫到会议室时，通常是要讨论某件亟待关注的事情。我们有一些基本原则来帮助你在这样的临时会议上贡献出有质量的内容，支持会议顺畅进行：

· 进入会议室时永远都要能做笔记。带上几页纸、笔记本电脑或者你做笔记需要的任何东西，千万别空手进入会议室。

· 用信息的四个方面的模型来做笔记。会议很可能会要讨论"谁将做什么"，你需要把这些人和他们对应的任务罗列在一起。同样，如果是紧急任务，那么完成任务的时间线也很重要。

· 在回答问题时，永远不要不敢说"让我看一下我的笔记"或者"我需要思考一下。"这个信号证明是你大脑的认知系统而不是大脑的边缘系统（大脑与基本情感、情绪和欲望有关的部分）在发挥主导作用，这也是一种能经过思考来处理问题或要求的能力。

练习：会议状态

1. 你是否做到了你的最佳状态?

人们在准备演讲和面试时通常会投入比平常更多的精

力在穿着和行为上。相反,要是去见一个之前见过多次的人,可能就不会花这么多的精力在这些个人准备上了。第一个练习就是为了提高你对自己基准线的意识,也就是你在相对放松的状态下的动作和声音是什么样的——你在团队或者员工开会时可能就是这种状态。

·用视频或音频记录你在对话中的表现,确保对话中你既有提问也有回答。理想的情况是和你的同事练习对话,聊一聊工作的事。

·当你回看录像时,判断出你基准线的所有元素;特别要注意你的阐述动作和适应动作,以及你正常状态和放松时讲话声音的特点。

·把录像放给和你之前一起开过会的人看。如果你和你的上司关系很好,那就把他/她当作你的导师,这个人会是看这段录像的理想人选。

·问你自己和那个人两个问题:

o 从内容来看,要表达清楚我自己的观点还能在哪些方面做得更好或者不一样?

o 从肢体语言的角度来看,我的动作中有哪些可以增加别人对我的认识,哪些可以得到进一步改善或者避免掉?

2. 你有什么不同?

服装也是一个人肢体语言的一部分,是在释放出非语言的信号。解读这些信号可以为团队带来一些更积极的能量。

假设你在和一群律师开会,其中有一个人在正装上套了件全国汽车竞赛协会的皮夹克走了进来,他其实是在做一个声明:他知道自己和会议室里的其他人不一样,就是想要大家注意到他的独特性。如果你看到某个女性戴着异域风格的首饰或者某个高管总是佩戴飞机形状的金袖扣,你也可以这么理解。做这种个性鲜明的声明的人都是在吸引你的注意力。你注意到他们,有利于帮助提高团队的活力。只需要通过关注他们,你就在传达一个信息:"嘿,我觉得这挺有意思的,跟我多说说吧。"

· 时不时看看会议室你周围的人,看他们的服饰上有没有突出的地方——这也是代表了他们发言的一部分。可能是他们眼镜的颜色不一样或者喜欢戴颜色比较丰富的围巾。不管你是面对面地开会还是开视频会议,你都可以做这样的观察。

·向这个人表达好奇。"你在哪里买的这些颜色丰富的围巾？"或者"这些袖扣有什么含义吗？"这些问题本身并不是恭维的话，所以即便你不喜欢这些人，你这么问也不是虚伪。你表现出好奇心其实是在表达更重要的事："我对你很感兴趣，想对你了解更多。"

·如果你觉得这么做没问题——这并非是要求你跳出自己的舒适区——试着穿戴某件通常只有你的朋友能看到的饰品或者衣服去参加会议，留意一下谁注意到你了，问了你有关这件衣服或饰品的问题，看看让你感觉如何。

玛丽安有一次就这么做过，她当时是作为顾问去参加一个为某个医疗项目筹资的会议，会议气氛比较紧张。她故意戴了两只不同的耳环。组织会议的客户突然注意到了，然后插了一句："你是有意戴了两只不一样的耳环还是不小心戴错了？"玛丽安回答道："我是故意这么戴的。""噢，真有创意！"她说道，而且还是在会议中。大家都笑了，就在这之后会议的气氛就变得轻松了一些。

这件事的重点不在于耳环，而是当人们更关注彼此时会议室里的气氛变了。

第九章　公开提问中的谈判陷阱

　　玛丽安曾和一名医师合著过一本关于患癌症后性行为的书[1]，电台就这本书对她进行了采访，采访前她拿到了电台会问到的 10 个问题。当时她正忙着写这本书，同时也在努力为采访做准备，用四个话题范畴来思考她的回答。其中一个例子是："你怎么研究这个话题的？"

　　我们花了一个周末的时间进行头脑风暴，然后列出了一个详细的大纲，计划在 3 个月的时间内完成研究。我们列出了我们觉得读者希望这本书中能讨论的所有问题——从心理治疗到情趣用品。然后我们列出了一些相关专家和一些有过揪心的和暖心的经历的病人的名单。我们重点关注那些可以坐下来面对面交谈的病人，这样他们可以很舒服地分享他们如何看待癌症诊断和亲密关系治疗对他们的影响。

　　人物：合作者、专家、病人、读者。

事物：大纲、计划、问题、心理治疗、情趣用品、故事、癌症、亲密关系。

时间：一个周末、三个月。

地点：面对面。

注意：这是一次比较"温柔"的采访，因为电台主持人只是在帮她的听众询问如何做，了解这本书是怎么形成相关的见解和方法的。她的目的是要为听众提供可以借鉴的信息、相信作者的权威，而不是就书中的建议为难他们或者向他们打探故事的来源。

我们不知道你可能会面对哪一类的媒体采访，我们在这一章中列出的建议主要是应用于新闻、专访类的采访。

公开问题的本质

职业记者都学过提问的技巧，能毫不费力地告诉你为什么像重复确认的问题、坚持问到底的问题和总结性的问题这类事物对他们的工作很重要。他们寻找的是一个尽可能多地涵盖信息四个方面的合理的完整答案。当然顺便说一句，我们说的这类人是有经验、有资历的记者。在网上发布新闻，但从来没有接受过相关培训或者没被新闻机构雇来调查和撰写新闻的人不是我们所讨论的这类人。

我们说的是那些职责是提供事实、追究责任的专业人士。不过讽刺的是，很多从记者口中问出的简单问题却被当成是棘手的问题，仅仅是因为回答者知道记者会问责。

在提供如何回答媒体问题的指导前，我们先来了解一下有抱负的记者们都学了哪些完成工作的技巧，这一点很有帮助。

如何提问

简单地说，教授新闻学课程的老师关注的采访（也叫提问）方法的要素包括：

·在提问前尽可能多地了解采访的话题或者被采访的对象；和被采访对象核实你在采访中要用的信息以确保信息是准确且最新的；不要觉得网站或社交媒体的信息就是可靠的。

·在你觉得你掌握了所需要的信息之后再提问。有时候你需要把相同的问题以不同的方式多问几次。

·尽量把问题问得具体、简明。如果你没有离题，那受访人回答切题的可能性就越大。

·邮件采访的一个好处在于问题和答案都白纸黑字地写出来了，而且双方不会受到分散注意力的打扰。只需要确保谁在回答。邮件采访的一个缺点就是你不能在对方回答问题时观察对方。你也没办法确认回答问题的人就是你邮件发送对象本人。另一个缺点是你也会错过一个人的外貌、肢体语言提供的信息。

·问题的答案你不满意时就继续问，不要犹豫，承认你没有完全理解这个话题，或者请受访人放慢语速、重复一下，并且 / 或者用非专业词来表述，因为律师、政客和科学家经常会使用一些公众不太了解的专业术语。

·最重要的是要观察、倾听、做大量笔记。不要满脑子都在想着你下一个要问的问题，从而错过了对方的答案。采访的目的是获取信息，而不是传授信息。

问题强化

像吉姆这样有经验的审讯员和记者有很多共同点：他

们都想要自己提出的问题尽快得到回答。不管他们有没有意识到，最有技巧的记者会使用心理手段来达到目的。这些让对方开口说话的手法无异于审讯员所说的经过研究的、有意识地用在囚犯身上的"方法"。虽然并不是所有的方法都可以运用到从非囚犯身上获得信息的过程中，但这些方法包括：

激发好奇心

广播电视主持人通常都要面对一个日常挑战：既要向嘉宾提问让对方投入进来，同时又要保持听众的好奇心。他们希望人们在听着对话的时候能期待下一个问题和回答。当主播问对了问题，那他们就是用好了好奇心的一个强大的决定因素，也就是人们强烈地希望某件事不确定的地方能够得到解答。

所有记者还要面临的一个挑战就是：问的问题要足够好，让受访者也对下一个问题充满好奇。

提供激励措施

以激励为主的媒体采访，有一个非常让人气愤的例子：2005 年，布拉德·皮特在为《史密斯夫妇》（*Mr. and Mrs. Smith*）做宣传时，他答应就公众非常关心的话题——他和

前妻离婚，与同组演员发生绯闻——接受黛安·索耶（Diane
Sawyer）一小时的采访，前提条件是访问一部分时间需要
关注非洲的贫困问题。

虽然不太可能有人用这样的"激励"来交换你的对话，
但可能有人邀请你共进午餐或一起喝杯咖啡作为激励；对
方可能给你提供一些无形价值，比如竞争对手的信息或者
你比较感兴趣的情况。一个有声望的记者不会这么做，所
以如果采访中包含了某个激励条件，那你就要警惕了。

迎合情绪

一个记者只需要向读者或听众突出强调某个专家的信
息的价值，就可以在情感上拉近这个专家。但其实让人感
觉好的情绪并不是最有力的情感驱动。如果一个记者能激
起对方愤怒、厌恶或痛苦，那么他是在利用一种更强大的
力量来激发对方回答问题的欲望。

当然，有很多方法可以做到这一点，有效的方法、无
效的方法都有。2015—2016 年的总统候选人辩论中一些提
问的记者就做得很好。很多次，他们都激发候选人不停地说，
能一直聊热点问题。

但也有很多无意中激起特别强烈的情绪的例子。例如，

在哈维飓风横扫休斯敦后，CNN 派出记者前往一个庇护所采访被疏散的群众。有一个记者似乎缺乏相关的敏感意识，采访了一名和孩子一起被困了 36 个小时等候救援的母亲。她激起了对方的情绪——远远超出了她的预想：

你这样一直拿着麦克风对着我是真的想试图理解我们的感受吗？我现在冻得发抖，我的孩子们全身都湿了，你还在一直拿麦克风对着我。[2]

任何时候当你激起了另一个人的情绪时，不管你是提问者还是回答者，你都是在和一个认知能力受到影响的人打交道。这个人受到情绪的影响越大，就越不可能和你进行很理性的对话。

从生理学的角度来说，激发情绪是让这个人的反应进入了大脑边缘系统的状态。这个人的认知能力受影响，哪怕他看起来没有失控。尤其是当一个人处于求生模式的情况下，不管是生理还是心理上，这个人都进入了一个斗争－逃跑－或僵硬的状态，自主神经系统功能要超过认知系统功能。

好的一面就是，例如在总统选举辩论中，当候选人流露出情绪，那么他们就会失去自我控制，露出最真实的一面。

吹捧抬高

恭维是有用的。研究表明即便不是真诚的恭维也有效。当你听到"真的很荣幸""你这方面的真知灼见对我们真的很有启发"这样的话时，你难道不想回答这个人的问题吗？

《科学美国人》（*Scientific American*）在 2010 年 1 月 12 日刊的第一篇文章为《恭维可以让你走得更远》（*Flattery Will Get You Far*），其中有一段是这么写的：

我们《科学美国人》杂志很清楚我们的读者都很聪明。你们的智力水平让你们与众不同……对那些有着优秀判断力的人，我们知道你会对订阅我们独家网上在线素材很感兴趣……只需花 9.99 美元 / 月。[3]

不管你是不是对此怀疑，像这样的不真诚的拍马屁确实奏效——不止一次。2010 年，香港科技大学的研究员在《销售调研杂志》（*Journal of Marketing Research*）上发表了一篇题为《不真诚的恭维其实有用：双重态度视角》（*Insincere Flattery Actually Works: A Dual Attitudes Perspective*）[4]。这篇论文探讨了恭维何时且如何让人对恭维的人有积极的反应并配合。

伊莱恩·陈（Elaine Chan）和贾伊迪普·森古普塔（Jaideep Sengupta）让他们的研究对象只依靠一则广告来评估一家新百货商店的优点。这则广告基本上就是赞扬看到广告的人有着独到的品位，暗示了正是他们这种独到的品位让他们走进了商店。这个方法很关键的一点就是读者其实是知道背后的用意的。在意识层面上，他们知道被利用了——但恭维仍然影响了他们的行为，他们普遍表现出对这家商店的积极态度。陈和森古普塔得出结论："恭维在意识之外发挥了一个重要作用。"[5]

打击自尊心

说回到总统选举辩论，记者们就用了这种方法来针对候选人先前言论中的逻辑漏洞和明显的失实陈述提问。就像总统选举辩论的一些例子一样，如果用得好，这种方法能帮助记者实现寻求问责的责任。接受提问的人会感到一定程度的挑战。比起没有人追问更深的情况下，用这种方法提问会得到一个更全面的回复。如果用得不好，这个方法会让对方疏远，引起对方的敌对心理，提问者不仅得不到答案，反而会遭到被提问者的反击。

回复公开提问

你要回答的问题既包括我们在第二章中所说的问得好的问题，也包括了问得不好的问题，也就是说那些没有表述好、你不清楚到底在问什么的问题。你还需要回答一些在我们的标准看来是"容易回答"的问题和我们称之为"不好回答"的问题。前面提供的与这些问得好的问题、问得不好的问题、简单的问题、不好回答的问题有关的指导在这里也都适用。最大的差别就在于你在会议上的回复可能也就只留在了会议室里，而你和媒体人的对话可能在几秒钟内就传遍了全世界。所以总的原则就是在开口回复之前先好好想想。

回答问得不好的问题

即便是靠提问来谋生的职业人士也会在组织问题时犯错——有时他们可能是被迫问出这些问题的。其中一个例子就是在总统记者会上，每个驻白宫记者能得到一次提问的机会，在这样的情况下，记者就会抓住机会把所有的好几个问题塞进一个长问题中。所以你会看到，记者招待会

177

上问的问题大部分都是些组合问题，很多领导就擅长于把这些组合问题拆分进行回答。

· 如果有人问你一个组合问题，不要生气或者觉得不舒服，就按照美国总统惯有的做法，先把问题拆分。

○有人问你："你怎么有了这个发现，这对未来五年健康医疗会有什么影响？"

○你回复："首先我会解释一下我是怎么发现的，然后我再推测一下这对健康医疗会有什么影响。"

· 要当心那些有导向性的问题。如果给你的问题里包含了内在判断，先刨去里面包含的预先结论，重述一下问题，然后再回答你重述的"干净的"问题。

○有人问你："《芝加哥论坛报》（*Chicago Tribune*）没有报道你上一本书时你觉得有多难过？"

○你回复："你是在问我，我自己家乡的报纸都没有报道我的书我的感觉如何……"

· 同样要当心否定句式或者反问的问题。方法还是先把问题重新表述成你认为的清楚的问题；按自己的理解的"清楚"也比问题问得不清不楚要更重要。否定句式的问题往往都是没有设计好，让人觉得这个记者虽然知道他想要获得什么信息，但没有仔细想好如何表达问题。

ο有人问你："你是否从未停止或从未在意过非洲那个地方的贫困程度？"

ο你回复："我理解的是你想要了解我对解决非洲贫困问题持续以来的关注。"

·模棱两可的问题可能也是因为没有仔细思考如何表达自己想要某些信息的诉求。这种情况下，你的目标是要找准记者想要获得的事实或者观点，然后给出这个事实或观点。

ο记者问你："鉴于现在大家对于加密货币的价值存在不同的观点，我们也听到了对于比特币估值的各种不同说法。你怎么看待这个问题的？"

ο你的回复："你是不是在问我是否觉得比特币有价值？"

·严格来说，如果想要得到一个陈述性的回答，却提了一个"是否"的问题，那这个问题就问得不好。但是从实际操作来说，我们都会问出这样的问题，然后希望受访者能给出一个有完整思考的回复。2018年2月，玛乔丽·斯通曼·道格拉斯中学（Marjory Stoneman Douglas High

School）校园枪击案发生后的一周，一位幸存的学生在前往白宫见唐纳德·特朗普总统的路上被 NPR 一名优秀的记者问了一个问题，这名记者在采访过程中先真诚地表达了同情，然后问："你是不是有什么想和他说的？"这名高中生完全理解记者想要的不只是一个是或否的回答——每一个听众也都知道。虽然说这个问题一个更好的表述可以是："你希望听到总统说什么？"任何一个看这个报道的人都知道这个记者的目的是什么。

· 如果问你的是一个"是否"的问题，那你就可以选择回答"是""否"或"可能"。

· 你也还可以选择提供一个陈述性的回复，完全跳过是否的部分。如果记者想要一个确定的回答，那么就由她来决定是不是要再问你一次。

不回答

同意接受专业媒体人的提问意味着你愿意帮助他们完成他们的工作，也就是说你愿意也能够回答问题。但是，你可能仍然会面对一些你无法回答或者不知道怎么回答的问题。与其给一个"不予置评"这样完全空话的回复，不如合理地在这个没有答案的回复中加入信息的至少一个方面。用"因为""但是"这样的连接词来让你显得更有信息量一点。

·我现在无法回答，但我下次也许能够回答这个问题。

·我现在没法给出评价，不过你可以问一下环境保护署的约翰·多伊。

·因为这个问题涉及机密性，所以我无法回答这个问题。

如果你不知道问题的答案，尽量回答得比"我不知道"更有帮助一点。

·我不知道，但环境保护署的约翰·多伊可能知道。

·我现在还不知道，但我尽量在明天前找到答案。

·关于那个研究我还不了解，但我们现在正在做一个相关的环境影响的声明，你想了解一下吗？

·我不知道那件事发生在哪里；我现在主要是在华盛顿特区办公室上班，这件事应该是发生在郊区工厂那边。

如何应对问题强化

回顾我们说过的心理手段。每一种心理手段都能制造出一种可能有利于你和记者互动的氛围和情绪。但也可能让提问变得更加困难。

应对"激发好奇心"

一个结构很好的采访应该是两个掌握着信息的人之间非常有火花的对话。记者提前做过准备，问题都是基于事实的。尽管如此，也不要预想记者会避开一些谣言。你要考虑到，记者既然会问到这个问题可能说明这个问题已经在社交媒体上公开过了。最好的办法是去正面回应这个问题，而不是忽视这个问题，不然显得好像在隐藏什么似的。

对谣言能激发很大的好奇心这一事实表示尊重，在这种情况下你要做的就是要用信息满足这种好奇心。

应对"提供激励措施"

只要咖啡里面没有掺杂别的，你就没必要拒绝别人给的咖啡。格雷厄姆·诺顿秀（The Graham Norton Show）上如果嘉宾想要喝酒的话，节目组就会给他们提供酒，只是有时候会产生一些很搞笑的结果。这个激励方法让不止一个明星吐露了很多答案，有些甚至都是没有问的问题。

另一种激励措施是对等交换，记者会提供比如"内部消息"或坦白他自己的一个事实，希望你也能回报相似的内容。

如果使用得当，对等交换的效果就只是加强对话双方之间的信任。但如果使用不当，也可能会越界，所以你要明白，这里并不是要求你一定要泄露自己的秘密。

应对"调动情绪"

有些表达和理念会激发大多数人的情绪反应，如果像"愤怒""排斥""悲痛"这样的词进入了问题中，那就是在提醒你注意问题传达了负面的情绪。仔细听问题中的修饰词，在脑海里把这些词剔除掉。

你可以试着去掉这些修饰词后复述问题的部分。例如，你是一名土木工程师，一名记者要你就某次致命的大桥倒塌给出你的专业回复："大桥倒塌了是因为……"

应对"吹捧抬高"

对对方的赞美说声谢谢，然后继续回答问题。

应对"打击自尊心"

在回答记者提出的一个具有一定合理的挑战性、可能会引起不舒服或尴尬的问题时，你要做的第一件事就是把问题弄清楚。确保你知道对方在问什么，然后决定你到底想不想回答。

　　记住，记者接受过的教育就是要有质疑精神，部分是因为他们经常被各种推销产品或理念的人提供的各种故事所轰炸。你只要也对媒体采访过程中的信息和提出的问题也同样有质疑精神，那你也会成为这个高质量报道中的一个好的合作伙伴。

第十章　社交关系中的谈判陷阱

超人即便是穿着便服也能飞，他把披风收在衣柜里时也没有失去飞的能力，他是自己选择不随便运用这种能力的。你同样可以选择什么时候什么场合使用你新学到的技巧。只要记住，我们在这本书中和你分享的都能成为一股好的力量。

当有人发现我们关注人际交往的技巧时，往往会忽视这些技巧也可以有很好的一面，他们会问："你们会把这一套用在朋友和家人身上吗？"这是一个误解，他们觉得如果你很了解肢体语言、提问技巧、如何控制对话，那这会让你成为一个很有控制欲的人。当然有这种情况，但是当你把这些人际关系技巧用在和家人或有社交关系的人身上时，目的是为了丰富对话，而不是主导或者扭曲对话。

所以在最后这一章，我们主要讨论社交场合，研究一些方法帮助你更好地理解别人提问时他们的意思、更好地了解你的回复会给对方什么感受。在说话的过程中还有一些文化的差异、地区的差异、语言的含义和指义的变化，这些都会导致困惑。使用文本分析、解读肢体语言，这样你对问题的理解比问题本身提供给你的信息要更加清楚，能更好地回答问题。

认知心理学家和语言学家史蒂文·平克（Steven Pinker）解释说：当两个人使用语言来帮助他们社交时，他们会要求语言在两个层面上运作——希望他们的语言起到两个不同的作用。他的观点可以帮我们阐释对文化差异和用词选择的分析的重要性，有这方面的知识能影响你如何提问和回答问题：

我们在两个层面上使用语言：字面形式体现的是你和听者最安全的关系，但其复杂的内涵——我们依赖听者自己来解读词句间的言外之意——让听者可以推导出与语境最相关的含义，这可能会导致两人关系的变化。[1]

例如，你可以说："请把那瓶水递给我，我表示很感谢。"对方把水递给了你；在这个语境下可以理解为一个祈使句，但给人的感觉是一个礼貌的请求。如果变成一个问句："能麻烦你给我把那瓶水递过来吗？"对方可以口头上回答"当然可以"，然后把水递给你。所以说问题可以变成祈使句把指令提高一个层次，但仍然可以理解成一个礼貌的请求。但"给我那瓶水"就变成了一个命令，对方听从这个指令就为提出指令的人建立了一个短时的支配地位。

文本分析

对文本分析有一定的了解可以让你更能体谅对方如何以及为什么会这么提出这样的问题，而不是评判对方。文本分析在学术上的解释是，"研究人员收集关于其他人如何理解这个世界的信息的一种方式"。[2] 那文本分析中的"文本"究竟是什么呢？

究竟什么是文本呢？答案：无论什么时候我们对某事物的含义——书、电视节目、电影、杂志、T恤或苏格兰裙、家具或装饰——产生解读时，我们就把这个当成文本。文本是我们解读含义的来源。[3]

我们来看看文本分析不那么学术的应用：如何通过文本分析来理解和回复一个问题。

世界各地的人都能看到美国电视节目，理论上可以让观众对美国文化（如果有美国文化这一回事的话）稍微有一点了解。想象一下 2015 年你是一名德国高中生，在考虑毕业后去美国玩一趟，所以你希望通过看美国的电视节目更好地了解美国城市是什么样的。那你可能通过看以下电视剧来了解美国：《犯罪现场调查》（*CSI: Crime Scene Investigation*）、《海军罪案调查处》（*NCIS*）、《识骨寻踪》（*Bones*）、《网络犯罪调查》（*CSI: Cyber*）、《海军罪案调查处：洛杉矶》（*NCIS: Los Angeles*）、《罪恶黑名单》（*The Blacklist*）、《夏威夷特勤组》（*Hawaii Five-0*）、《犯罪心理》（*Criminal Minds*）、《超感警探》（*The Mentalist*）和《劳拉之谜》（*The Mysteries of Laura*）[4]。根据一档专做娱乐新闻的节目 Vulture 统计，这几部剧 2015 年在德国排名前 10。同年，相对其他国家的人而言，巴西人更倾向于认为美国人仁慈、幽默，尤其是《功夫熊猫》（*Kung Fu Panda*）和《海绵宝宝》（*SpongeBob SquarePants*）在巴西最受欢迎。[5]

价值判断也取决于从这些不同的电视节目中获得的认知以及对每个节目中美国人呈现的真实性的判断。所以对于同一个问题的回答，这位年轻的德国游客和刚高中毕业的美国学生的回答可能就会不一样。

此外，有些文字或者概念根本无法从一种语言或文化翻译到另一种语言或文化中。《赫芬顿邮报》（*The Huffington Post*）上有一篇文章就列举了一些无法直接翻译成英文的词语：

Schadenfreude

语言：德语。

含义：看到或听到别人的困难时开心的感觉。

Hygge

语言：丹麦语。

含义：与爱的人以及好朋友放松，通常是在一起吃东西、喝东西的时候；这个词有舒适的含义。[6]

不管是不是因为文化差异，在日常生活中，你可能会碰到一些造成困扰的词，这会是一个挑战，因为提问者或者回复者可能说的是指义或内涵中的其中一个意思，你需要弄清楚到底是哪个。例如，你参加一个晚宴，晚饭前客人都聚在客厅。有个客人很开心地说："厨房里有一股很大的气味！"（There is quite an odor in the kitchen!）这句话很可能会让女主人赶紧跑到厨房里去看是不是什么烧着了。

从定义来说，ordor 这个词指的是一种特殊的气味，但几乎所有熟悉英语的人都认为这个词描述的是某种引起不适的气味。

一个更常见的错误是"恶名"（notoriety）、"扭曲的"（tortuous）和"声望"（kudos）这类词的误用。你会如何回答这样一个问题："你和那名审讯员合作写的那本书给你带来了多少'恶名'？"从字面上看，对方是问你和一个审讯员写书这种行为让你出了多少名，但实际上我们常用"恶名远播"来形容犯重罪或者向修女扔土豆这样恶劣行径带来的名声。

观察、聆听那些含有相反含义的词，以及某个地区用起来和你习惯的不一样的词。Terrific（糟糕的）这个词在我们小的时候是有负面含义的一个词，但现在普遍可以表示："哇，真的是太棒了。"在美国新英格兰地区，你可能会听到说某事"超赞"（wicked good），在这个语境中，wicked 这个词就和邪恶没有任何关系了。不管引起不愉快的话说的是你厨房里的"怪味"还是你作为一个作者的"恶名"，你对语境的分析和使用都应当让你得出对方并无恶意的结论。不要试图纠正对方的用词，按照她本意要问的或者她觉得她在表达的意思来回复就可以。这时候，你就是在用到了平克语言解释的第二个层次："允许听者对语言推导出与语境最相关的解释。"

利用肢体语言更好地理解对方

文本分析能促进对语言的理解，秉着同样的精神，我们想提醒你第五章中讲到的肢体语言也能展示你开放接纳的态度。基本原则就是要避免那些拒人千里的肢体动作，减少紧张的动作，把你和对方之间的屏障降到最低，通过积极倾听来鼓励对话。

在社交场合中，你可能会看到在职场中看不到的开放式和封闭式的肢体语言——至少方式不一样。有几个可以特别注意一下：

（1）杯子或盘子摆放位置的变化

在社交场合中，刚刚认识的人会使用酒杯或餐点盘之类的屏障来保证两人的距离，这种情况很常见。图片中的两个人可能刚刚认识或者对彼此不太熟。根本不需要意识到这一点，两人就在用杯子拉开了一点距离。

当一个人寻找搁置餐盘的地方或者把她面前的酒杯移开时，那这就表明她和你相处越来越舒服了。不过，反过来不一定成立。可能这个人和你交流越来越舒服时也会觉得在你面前吃东西越来越舒服。所以没必要把突然出现在你们俩之间的奶酪盘理解成是对方想和你拉开距离。

（2）伸舌头

动物学家德斯蒙德·莫利斯（Desmond Morris）认为人伸出舌头是一个拒绝的信号。他的论点是基于对于灵长类婴儿的观察，他发现婴儿会伸出舌头吐出母亲的乳房表示"够了，不要了"。和有意做出这个吐舌头的动作不一样，当你不由自主地做出来时，那就可以认为这个动作对刚说的话是一种拒绝的反馈。

（3）往前侧身或往后靠

在职场环境中，你可能会看到一些不是很明显的像照镜子一样彼此向前倾的动作；你可能也遇见过相反的动作。玛丽安为了写她之前那本关于肢体语言的书时曾特意跑到一家餐厅的酒水吧台区域观察大家，看见有一个年轻的男人从身体倾向桌对面的约会对象到坐直，再到往后倾，再到后来往后仰到把椅子腿立起来了。他几乎都没有办法离她更远了，除非摔倒在地或者起身离开。

（4）侧身靠近或者远离

和身体向前倾或向后靠一样，这种身体角度的变化在社交场合可能没有在职场场合那么微妙。这取决于人们如何互动交流，一个人甚至可能转身直接背对刚才还说过话的人也没关系。从一个人转向另一个人可以通过一些优雅的方式实现，刚刚提到的背对前一个人就不是一种优雅的方式。你也可能会发现自己在一个拥挤的房间里，受到另一个人的全部关注时，对方侧过身来面对着你。

在前面九章学习和练习过了这么多技巧之后，你现在比以前能更有效地回复问题了。但是，因为你是在和语言打交道，不可能永远都是对的。不管我们如何周到地、有技巧地选择我们的措辞，语言在意思和使用上都会不可避免地容易发生变化。用平克的话说：

语言的模糊绝不是语言的漏洞或者不完美，实际上可能就是语言的一个特征，一个能在社交场合为我所用的特征。[7]

平克的话应该提醒我们：提高提问和回复问题的能力的意义在于运用语言帮助我们更好地理解彼此。是的，如果你的技巧比别人的强，那么你能通过调和对话、把握对话方向来掌控对话。但这绝对不是说降低另一个人对对话贡献的重要性，相反，你们是共同参与在一个协作的语言活动中：一个人引导，另一个跟随，两人一起舞蹈。

练习：重新回答四个问题

我们在前言中说过我们会再回到前言的！现在你能牢固地掌握回答问题和回复问题的区别了——因为你掌握了掌控对话的新技巧——我们现在邀请你再回答一下我们在前言中提到的四个问题。

请拿出你之前写下的答案。

现在运用你学到的新技巧重新写下你的回答。

· 你记忆深刻的一次新年前夜是在哪里度过的？

· 你外祖父是谁？

· 你最喜欢的餐厅是哪家？

· 你去年是怎么过生日的？

总的来说，这些问题的答案多少会有点暴露我们自己的信息。

你记忆深刻的一次新年前夜是在哪里度过的？

吉姆：1963 年的新年前夕，我们当时住在加州派拉蒙的两层公寓里，我和我的兄弟们拿着妈妈的锅碗瓢盆去了公寓后院，大半夜乒乒乓乓地弄着声响——我们后来就有麻烦了！在那个公寓里住的剩下的日子，我们的锅和锅盖都盖不上，每一次用这些锅的时候，都会让我想起那个晚上。

玛丽安：1999 年 12 月 31 日，我从华盛顿特区飞回圣弗朗西斯科，因为感冒非常严重，几乎要晕倒在床上了。我非常喜欢歌手 Prince，我在擤着鼻涕的时候脑海里都还在回响着他的《1999》。四天后，我又能喝上香槟酒了。

你的外祖父是谁?

吉姆:我的外祖父是来自伊利诺伊州派克县的威廉·欧文·巴格比,不过大家都叫他"树桩"——他跟我们这些孙辈说了为什么有这个称号。他说有一天晚上他在离家很远的地方,突然下起了雷暴雨。他很害怕,赶紧往家跑。就在他面前,一道闪电击中了一个树桩,直接把树桩劈开了。他从这个劈开的树桩中跑过去时,背带裤被钩在了树杈上,他被困在了那里,直到那天晚上后来有人救了他。

玛丽安:他叫迈克,1927 年 7 月 3 日死于一场摩托车事故。他当时才 37 岁,我外祖母 27 岁,带着两个年幼的小孩。他会拉小提琴,但光靠拉小提琴没法养家糊口,所以他只能在一个矿井里工作。

你最喜欢的餐厅是哪家?

吉姆:位于弗吉尼亚州的亚历山大老镇上的码头餐厅,我和我的妻子在那里庆祝过很多个纪念日,因为那里的龙虾太好吃了。更何况,这个小镇还是咱们多名开国之父的故乡,而这家餐厅在一个有着两百年历史的老建筑里,感觉更棒了。

玛丽安：这是一家叫"老道"的非常舒适和高级的餐厅，位于科罗拉多州埃斯蒂斯公园。他们的厨师长还邀请我去当了一天的副厨师，因为他知道，早在1994年，我曾经在我的一本书和去学厨艺之间做过选择，后来很遗憾没选学厨艺。

你去年是怎么过生日的？

吉姆：我和我的妻子、我们家的"淘气鬼"们在一家海鲜餐厅兑现了一张礼券。我妻子送了我一个马克杯，当热水倒进去的时候会显现出爱的信息。我的女儿们因为受不了我那双旧拖鞋的臭味了，就给我买了一双新的。

玛丽安：我亲爱的吉姆还有我的一些好朋友们一起在老道餐厅吃了顿晚饭，我后来有一天还去这家餐厅当了一回副主厨。在那次吃过我有生以来吃过的最好吃的素餐后，我受邀进入了厨房，我提出某天想轮一个12小时的班，就帮忙切切菜、搅拌搅拌就行。

词 表

适应动作（Adaptor）：一个紧张或自我舒缓的动作，比如搓手指或摸脖子。一个不喜欢问问题或者回答问题的人可能会有适应动作。这是一个紧张的信号。

屏障（Barrier）：用肢体的一部分或某个物件在你和另一个人之间建立分隔。谚语"闭门羹"就是屏障。屏障表明存在紧张或压力。

基准线（Baseline）：在观察或者听某人回复一个问题时，比较一个人习惯的行为和偏离习惯的行为的基准。一个平常比较沉着的人在回答某个问题时声音或动作突然有变化，那么他就偏离了基准线，这也是紧张或者压力的信号。

挥舞动作（Batoning）：用肢体——一般是手臂——来强调某一点。这是属于"阐述动作"的一类，就像指挥家挥动指挥棒。在回复一个难题时，一个人可能会用挥动动作来表示拒绝或否认，或者为了讲清楚他认为尤其值得注意的某个要点。

评论型回复者（Commentator）：评论型回复者很周到，回答很完整，在有些情况下，甚至过于完整，感觉你获得的信息比你问的还多。评论型回复者可能会提供一个多面的答案，能把问题带到一个不同的方向上。

组合问题（Compound question）：组合了两个或两个以上的话题，基本上等于是一次问了两个问题。例如："你回家吗？还是去饭店？"

掌控情况的问题（Control question）：一个你已经知道答案的问题。

纠正型问题（Corrective questions）：你的妈妈、一年级老师或者上司可能问过你："你是一直都这么懒吗？""你是不是要把我给逼疯了？"

武断型回复者（Dictator）：回答问题回答得非常肯定的人。武断型回复者的回复可能会引起必要的进一步的提问，缺点是他会把个人观点当成事实在说。在某些情况下，他的回复可能因为太武断而惹恼别人。

直接问句（Direct question）：用基本的疑问词提出的问题。

语气词（Directive phrases）：用来表明非常明显的观

点或情况；例如"当然""毫无疑问"。

引诱（Elicitation）：把对话导向某个话题来挖掘你想要的信息；这不是一种提问技巧，而是一种高级的审讯技巧。

回避型回复者（Evader）：习惯回避问题的人可能只是对倾听和理解问题有一种特别的方式，而不是有意要逃避回答问题。逃避也可能意味着这个人因为某种原因对于回答问题感到不舒服。

阐述动作（Illustrator）：有效地强调某人正在说的内容的动作。可能只是手指指向某物、挥手、抬头或其他表达和他/她所说内容有关的情绪的动作。(也见"挥舞动作"。)

整合型回复者（Integrator）：能权衡出最佳的方式来回答你问题的人。这个人会等着听你对他/她的回答如何做出反应，然后可能会试图澄清最初的回复，或者在一个回复中给出多个答案，这样你知道对方认为有多个好的答案。

导向性问题（Leading question）：在问题中暗示答案的问题；例如："你拿走那个孩子的棒棒糖感觉多愧疚？"

大脑边缘系统模式（Limbic mode）：情绪已经占据了大脑的状态；一个处于大脑边缘系统模式中的人认知能力下降。

否定疑问句（Negative question）：包含了诸如"从不"

或"不"这类否定词的问题，这种问题让人不清楚怎么回答。例如："你是否从不关心环境？"

不相关的问题（Non-pertinent question）：一个和你们真正想了解的话题无关、但对方可能不会撒谎的问题；这种问题的作用就是要看看真相"看起来"是什么样的，让对方向你敞开心扉/打开话匣子。这类问题也可以用来把注意力从紧张的环境中转移开来，或者给提问者一点时间做笔记或者检查笔记。

坚持问到底的问题（Persistent question）：相同的问题反复问，可能表述不太一样；这是一种检查给出的答案是否周全、信息是否完整的方法。

礼貌性的问题（Polite question）：例如"你最近好吗？"这样的问题。

提问前的问题（Prequestion）：不是为了寻求信息的问题，是征得提问的问题，通常是建立联系的一部分。

调控动作（Regulator）：为了掌控对话进程的一个动作，例如点头示意："继续说。"

重复确认的问题（Repeat question）：试图问出和上一个问题同样信息的问题，但实际上又和第一个问题的问法不一样。例如：你第一次去做手术的时候，医生问你："你最后一次吃东西或者喝东西是在什么时候？"在注射麻醉药之前，他又说："你肯定很渴吧，距离你上次喝东西有多长时间了？"

征求意见的问题（Requestion）：不是为了寻求信息，为的是获得回应，通常是是否的回应，例如："你愿意嫁给我吗？"

源头线索（Source lead）：回复者在对话中说出的信息让提问者觉得有继续追问的价值，也就是说，额外提到了需要注意到的其他的人、地点、事物或时间。例如：在工作面试中，候选人可能会说感谢面试官把面试安排在九点，因为他要参加中午开始的高尔夫锦标赛；面试官会再回到这个问题上，看看候选人是不是觉得高尔夫比工作还重要。

修辞问句（Rhetorical question）：能启发思考、而不是给出事实回答的问题。例如："为什么我有良知？"

总结性问题（Summary question）：意在给提问者一个重新看待答案的机会。你可以复述对方所说的，重新组织一下问题：问道："这个和你对这辆车的设想匹配得如何？"

模糊的问题（Vague question）：不明确的问题。例如："你去杂货店的时候，是不是感觉有很多人只是逛逛，看看有没有吸引自己的东西？"

致　谢

　　既然这是一本关于答案的书，那么我要回答的第一个问题，就是我要如何感谢在我人生中所有训练、指导和包容过我的人？这本书中我所写的内容并不是我一个人的，还得益于这些人。我在书中所表达的也不仅仅是我自己的，而是结合了从我出生的那一年（1945年，5年后摇滚乐诞生）到68年后的今天，我所了解到的来自不同地方的无数人的表达。在专业领域里，我也要非常感谢我的退伍战友兼作家格雷格·哈特利，感谢他和玛丽安的合作，并于2013年介绍我们认识。

　　我也非常感谢玛丽安，同样也很叹服她能生动地将我们两人的职场经历和个人生活经历串成一条条彩色的线，编织出一张美丽的画卷，让人读起来很轻松，也很容易吸收这种对问题和回复的新的思考方式，并用这种新的方式做出改进。

　　再从更私人的角度来看，我不得不说，如果没有我的贤妻黛比全心全意地支持我，我恐怕也成为不了今天的我，也没法安心做我的事业，特别在整个冬季的写作期间，她承担起维持家庭平衡的重担。

我还要特别感谢我的孩子们：吉米、科里·安娜、莎伦·玛丽、杰米和梅根，这些年来他们一直通过倾听、提问、质疑来学习，未来也依然会这么做。正是因为他们，尤其是梅根，才有了这本书的萌芽、生根。

——詹姆斯·派尔

我知道有一个问题你肯定能回答出来：你和喜欢的人打电话时会有多有趣呢？那我的答案就是就像吉姆·派尔（詹姆斯·派尔的昵称）和我经常打电话探讨这本书时一样有趣。我们一起愉快地探索过有哪些技巧可以帮助大家漂亮地回答问题、自信地应对任何对话。在我俩这样一个卓有成效又非常愉快的合作关系中，我要非常感谢他。

我还要特别感谢格雷格·哈特利。如果不是格雷格的话，吉姆和我可能都不认识，更不会彼此相互理解。他一直以来是一个非常优秀的导师！我们曾合作写过书，也是朋友，这种关系对我的人生意义重大。

　　还要感谢我的爱人吉姆·麦考密克一直以来的爱和支持。他也很喜欢测试我的技巧，期待我能给出完整的答案很好地应对轻松和刁钻的问题。当然，同样的话也要对我的母亲和我哥说：他们在问问题的时候，也是希望了解更完整的故事，所以也要感谢他们！

　　另外还要感谢我的好朋友帕蒂·门格斯（Patti Mengers），她曾是《特拉华县日报》的备受赞誉的专职撰稿人，现在在同样位于费城郊区的诺依曼大学（Neumann University）里教授新闻学课程。

　　我还要感谢其他好朋友们，如波士顿的 WBUR 电台的玛丽·萨洛欣·哈伯德（Mary Saloschin Hubbard）、科罗拉多州埃斯蒂斯公园的专业工作组织的姐妹们以及我的同事们，在我向她们询问诸如"传达这个观点最好的方式是什么？"这类问题时，她们给予了非常有智慧的反馈。当然，我和派尔都还想要感谢职业出版社（Career Press）的迈克尔·派伊（Michael Pye）、劳里·凯利－派伊（Laurie Kelly–Pye）、劳伦·曼诺伊（Lauren Manoy）和吉娜·申克（Gina Schenck），以及 Red Wheel/Weiser 出版社一直支持我们的新团队。

——玛丽安·卡林奇

引文注释

引言

1. Jason Nazar quoting Wendy Lea in "35 Questions That Will Change Your Life", Forbes, September 5, 2013; www.forbes.com/sites/jasonnazar/2013/09/05/35-questions-that-will-changeyour-life/#6fe24195660e

第一章

1. Press Conference #796, Executive Office of the President, January 2, 1942, with Franklin Delano Roosevelt; www.fdrlibrary.marist.edu/_resources/images/pc/pc0128.pdf Courtesy of theFDR Library, digital collection; www.fdrlibrary.marist.edu/archives/collections/franklin/?p=collections/findingaid&id=508

2. "Phoenix to Self: 'Why Am I Talking About This? . . . Joaquin, Shut Up,' " Fresh Air, January 21, 2014; www.npr.org/2014/01/21/264524233/phoenix-to-self-whyam-i-talking-about-this-joaquin-shut-up

3.Ibid.

4. Allison Fass, "10 Characteristics of Really Interesting People", Inc., March 8, 2013; www.inc.com/allison-fass/jessica-hagy-interesting-people-characteristics.html

第二章

1. Raf Weverbergh and Kristien Vermoesen, "The 35 (!) Techniques Politicians Use to Avoid Answering Interview Questions", FINN; www.finn.ageney/blogs/35-techniques-politicians-use-avaid-answering-interview-questions

2. Laszlo Bock, senior vice president of people operations at Google, as interviewed by Adam Bryant, "In Head-Hunting, Big Data May Not Be Such a Big Deal",The New York Times, June 19,2013; www.nytimes.com/2013/06/20/business/in-head-hunting-big-data-may-not-be-such-a-big-deal.html

3. "Ray Charles: The 'Fresh Air' Interview", November 24, 2016; www.npr.org/2016/11/24/503142478/ray-charles-the-freshair-interview

4. Mar tha Lagace, "Decoding the Artful Sidestep", Harvard Business School, Working Knowledge, November 17,2008; https://hbswk.hbs.edu/item/decoding-the-artful-sidestep

5. Ibid.

6. Mathew Cole Weiss, "The Greatest Actor Responses to Shi**y Interview Questions", Ranker; www.ranker.com/list/

funny–celebrity–interview–responses/matthewcoleweiss

第三章

1. Deborah Schroeder–Saulnier, The Power of Paradox:Harness the Energy of Competing Ideas to Uncover Radically Innovative Solutions (Pompton Plains, NJ: Career Press, 2014), 24.

2. Todd Rogers and Michael I. Norton, "How Politicians Evade Debate Questions", New York Times, October 2, 2012; www.nytimes.com/roomfordebate/2012/01/22/why–politicians–get–awaywith–lying/how–politicians–evade–debate–questions

3. Paul Smith, Sell with a Story (New York, NY:AMACOM Books, 2017), 16－24.

4. Mark Satterfield, Unique Sales Stories: How to Get More Referrals, Differentiate Yourself from the Competition & Close More Sales Through the Power of Stories (Atlanta, GA: Mandalay Press, 2010).

5. Heather Finn, "36 Interview Questions That Are Actually Fun to Answer", Fast Company, February 5, 2016; www.fastcompany.com/3056142/36–interview–questions–that–are–actually–fun–to–answer

第四章

1. "Opinion Words and Phrases," Scholastic; www.

scholastic.com/content/dam/teachers/blogs/genia-connell/migrated-files/opinion_words_and_phrases.pdf

2. Jim McCormick and Maryann Karinch, Body Language Sales Secrets: How to Read Prospects and Decode Subconscious Signals to Get Results and Close the Deal (Wayne, NJ: Career Press, 2017), 129.

第五章

1. Carrie Johnson, "Rachel Brand, Third in Command at the Justice Department, Is Leaving Her Post", National Public Radio, February 9, 2018;www.npr.org/people/127410674/carrie-johnson

2. Wade Roush, "What's the Best Q&A Site?", MIT Technology Review, December 22, 2006; www.technologyreview.com/s/407029/whats-the-best-qa-site/

3. Justin Wm. Moyer and Jenny Starrs, "Bernie Sanders Wags His Finger a Lot, and People Are Starting to Talk About It", Washington Post, February 12, 2016; www.washingtonpost.com/news/morning-mix/wp/2016/02/12/berniesanders-wags-his-finger-a-lot-and-people-are-starting-to-talk-about-it/?utm_term=.880764b2c316

4. Daniel O' Callahan, "Big Bang Theory on Body Language", YouTube; www.youtube.com/watch?v=vicuZS0ChYQ

第六章

1. Fox News Sunday with Chris Wallace, January 14, 2018; www.foxnews.com/on–air/fox–news–sunday–chris–wallace/

2. Laurie Kulikowski, "10 Tech Companies with the Highest Paying Sales Jobs", TheStreet, July 17,2015; www.thestreet.com/story/13221534/1/10–techcompanies–with–the–highest–paying–sales–jobs.html

第七章

1. "Million Dollar Microsecond", RadioLab, WNYC, February 4, 2018; www.radiolab.org/story/267195–million–dollar–microsecond/

2. Ibid.

3. Ibid.

4. Ibid.

5. Matthew Kirdahy, "CEOs Who Appear in Their Own Commercials", Forbes, April 22, 2008; www.forbes.com/2008/04/22/ceo–corporate–image–lead–manage–cx_mk_0421tv_slide_12.html#702b0d0e1dbd

6. Smashsh9grab, "Vintage Ads: Perdue Chickens–Tender Chicken," YouTube; www.youtube.com/watch?v=uN37i9qr0zY

7. Jeremy E. Sherman, "The Silent Treatment: When People Leave You Guessing", Psychology Today, October 25,

2011; www.psychologytoday.com/blog/ambigamy/201110/the-silent–treatment–when–people–leave–you–guessing

第八章

1. Martin Murphy, No More Pointless Meetings (New York, NY: AMACOM, 2013), 5.

2. Christopher Byrne, Funny Business: Harnessing the Power of Play to Give Your Company a Competitive Advantage (Wayne, NJ: Career Press, 2015), 77.

第九章

1. Saketh Guntupalli and Maryann Karinch, Sex and Cancer: Intimacy, Romance, and Love After Diagnosis and Treatment (Lanham, MD: Rowman & Littlefield, 2017).

2. Tim Hains, "Rescued Woman Blows Up On CNN Reporter for Heartless Hurricane Harvey Coverage", CNN, August 29, 2017; www.realclearpolitics.com/video/2017/08/29/rescued_woman_cnn_for_heartless_hurricane_harvey_coverage.html

3. Piercarlo Valdesolo, "Flattery Will Get You Far",Scientific American, January 12, 2010; www.scientificamerican.com/article/flattery–will–get–you–far/

4. Elaine Chan and Jaideep Sengupta, "Insincere Flattery Actually Works: A Dual Attitudes Perspective," Journal of

Marketing Research, February 2010, vol. 47, no. 1, 122 - 133.

5. Piercarlo Valdesolo, "Flattery Will Get You Far."

第十章

1. Steven Pinker, "What Our Language Habits Reveal," TEDGlobal 2005; www.ted.com/talks/steven_pinker_on_ language_and_thought/transcript

2. Alan McKee, "What Is Textual Analysis," Textual Analysis: A Beginner's Guide (London:SAGE Publications, 2003), 1.

3. Ibid., 4.

4. Josef Adalian, "The Most Popular U.S. TV Shows in 18 Countries Around the World," Vulture, December 2, 2015; www.vulture.com/2015/12/mostpopular-us-tv-shows-around- the-world.html

5. Ibid.

6. "23 Fascinating Words with No Direct English Translations," Huffington Post, December 6,2017; www. huffingtonpost.com/2014/02/20/english-translation-words_ n_4790396.html

7. Pinker, "What Our Language Habits Reveal."